세계 명작 동화와 함께하는

우리 아이
문해력 독서법

113개 질문, 56개 대화를 스텝별로 따라 하면 문해력 쑥쑥

세계 명작 동화와 함께하는

우리 아이
문해력 독서법

전병규(콩나물쌤) 지음

시공주니어

문해력이 없으면
공부도 없습니다

지금 교육계에서 가장 뜨거운 주제는 바로 문해력입니다. 온·오프라인 서점에는 문해력을 키워드로 한 자녀 교육서와 문제집들이 줄지어 쏟아지고 있습니다. 저를 비롯한 많은 교육 유튜버들과 블로거들도 하나같이 문해력을 기르는 방법에 대해 이야기하고 있고요. 전국 교육청은 주요 업무 계획에 읽기 교육 강화를 추가했고, 교사 교육에서도 문해력은 필수 키워드가 되었습니다. EBS에서 방영한 〈당신의 문해력〉이라는 프로그램을 보셨나요? 이 방송을 통해 많은 분들이 문해력의 중요성을 이해함과 동시에 현재 우리 아이들의 문해력이 얼마나 부족한지 절감하게 되었지요. 대학수학능력시험 국어 영역이 최근 몇 년간

'불수능'이라고 불릴 만큼 어려웠던 것도 문해력을 세간의 화두로 만드는 데 크게 영향을 미쳤습니다.

　국내에서 문해력에 사람들의 이목이 집중된 것은 2021년부터지만 해외 선진국들은 이미 이전부터 국민들의 문해력을 기르는 데 총력을 기울이고 있었습니다. 대표적인 나라가 핀란드입니다. 핀란드 헬싱키 시청과 헬싱키대학교 뇌인지연구소의 공동 프로젝트인 '시스파'는 영아 대상 읽기 교육 프로그램입니다. 프로그램은 3교시로 이어집니다. 1교시에는 읽기 선생님이 아기들에게 책을 읽어 주고 2교시에는 엄마들이 이를 흉내 내어 각자의 아기에게 책을 읽어 줍니다. 3교시에는 앞서 읽었던 이야기로 만든 노래를 부르고 엄마들은 아기들을 안고 율동을 합니다. 아기들이 아주 어린 나이부터 책에 친숙해질 수 있도록 만든 프로그램이라고 해요.

　문해력을 기르기 위한 핀란드의 노력은 최근 들어 더욱 강화되고 있습니다. 핀란드 교육부는 2019년 400만 유로, 우리 돈으로 약 54억의 특별 국가 보조금을 영유아부터 초등 1~2학년까지 아이들의 문해력 증진을 위해 편성했습니다. 그 덕분에 핀란드 읽기 센터는 2019년부터 태어나는 모든 아이에게 책 꾸러미를 제공할 수 있게 되었지요. 책 꾸러미에는 영아용 동요 책, 유아용 잠자리 독서 책 그리고 독서의 중요성에 대한 정보가 담겨 있습니다. 또한 핀란드 읽기 센터는 아이들의 읽기를 장려하고 문해 교육의 질을 높이기 위해 학교에서 필요한 것들을 제공하는 시스템도 갖추었습니다. 핀란드 문화재단은 학교에 책을 제공하고 학교 문해 교육에 필요한 연구를 수행합니다. 교사들이 문해력을 지도하는 데 필요한 것들을 지원하는 리키로키Likiloki 프로그램도 있습니다. 이는 교육부가 지원하고 연구소와 대학이 운영하지요. 핀란드가 이토록 문해력 교육에 열정을 쏟는 이유를 산니 그란 라소넨Sanni Gran Laasonen 핀란드 교육부 장관은 이렇게 설명합니다.

> "문해력은 모든 학습의 기초이며 웰빙, 공감 능력, 신뢰와 같은 삶의 많은 긍정적인 측면에서 중요한 역할을 합니다. (…) 모든 어린이와 청소년이 가정 배경에 관계없이 다양한 문해력을 습득할 수 있도록 함께 보장해야 합니다."

라소넨 장관의 이 말은 문해력에 관한 핵심을 매우 정확하게 짚고 있습니다.

❶ 문해력은 모든 학습의 기초이다.
❷ 문해력은 삶의 많은 긍정적인 측면에서 매우 중요하다.
❸ 모든 아이들이 문해력을 습득하도록 보장해야 한다.

이 책은 위에서 말한 문해력에 관한 핵심적인 사안 세 가지에 대해 이야기하고자 합니다. 우선 문해력이 모든 학습의 기초라는 사실에 대해 생각해 보겠습니다. 최근 들어 문해력에 많은 관심이 쏠리는 이유는 문해력이 아이의 성적을 좌우한다는 것을 사람들이 이해하기 시작했기 때문입니다. 문해력이 높으면 더 적은 노력으로 더 높은 성적을 받을 수 있지만 반대로 문해력이 낮으면 많은 노력을 해도 좋은 성적을 받기 어렵다는 사실 말이에요. 예전에는 문해력이 단순히 국어 성적을 결정하는 요소라고 여겼지요. 그래서 국어 교육에 관심이 깊은 사람이 아니면 문해력이라는 용어를 접하지 못했을 거예요. 하지만 사실 문해력은 국어뿐 아니라 전 과목 성적에 중대한 영향을 끼칩니다. 문해력이 아이의 학업 성취에 중대한 영향을 끼치는 핵심 변수인 이유는 무엇일까요?

인간이 정보를 지각·인지·처리 하는 방법은 크게 두 가지로 나뉩니다. 바로 언어와 이미지입니다. 우리는 좌뇌를 통해 언어로 세상을 이해하고 우뇌를 통해 이미지로 세상을 인식합니다. 언어와 이미지는 우리가 세상을 배우는 유이한 방법입니다. 피트니스센터에서 트레이너가 스쿼트를 가르치는 경우를 생각해 보겠습니다. 트레이너는 직접 스쿼트 동작을 시범 보이며 주의할 점을 설명합니다. 이때 언어와 이미지가 사용됩니다. 동작을 보여 주는 것은 이미지이며 설명은 언어입니다. 우리는 이미지와 언어라는 두 가지 매체를 통해 올바른 동작을 배워 갑니다. 학교 교육에서도 같은 일이 일어납니다.

교사는 언어와 이미지라는 두 가지 매개체를 통해 지식을 전달하고 학생 역시 언어와 이미지를 통해 지식을 전달받지요. 예를 들어 현무암에 대해 배울 때 현무암 샘플을 보면서(이미지) 현무암의 생성 과정과 특징에 대해 듣고 읽습니다(언어). 고구려 문화를 배울 때는 안악 3호분을 보고(이미지) 당시 사람들의 생활 모습에 대해 듣고 읽지요(언어).

언어와 이미지는 아름다운 선율에 맞춰 왈츠를 추듯 함께 어우러지는 것이 가장 좋지만 교육에서 더욱 중요한 쪽은 언어입니다. 이미지는 직관적이지만 단순하여 자세한 정보를 전달하지 못하기 때문입니다. 예를 들어 고흐의 〈별이 빛나는 밤〉을 볼 때 우리는 여러 가지 느낌을 받습니다. 역동적인 사이프러스 나무와 하늘의 움직임, 이에 대비되는 차분하고 고요한 마을의 풍경에 마음을 빼앗길 수 있습니다. 차갑고 어두운 배경과 따뜻하게 빛나는 별과 달의 대비에 눈을 떼지 못할 수도 있고 비연속적이고 역동적 터치에 매료당할 수도 있지요. 하지만 이미지를 통해 얻을 수 있는 것은 대개 느낌에 머물게 됩니다. 그림만 봐서는 이 작품이 빈센트 반 고흐의 대표작이라는 사실, 고흐는 고갱과 다툰 뒤 스스로 귀를 자랐다는 사실, 압생트라는 환각을 일으키는 술을 즐겼다는 사실, 정신병 치료제 부작용으로 사물이 노란색으로 보이는 증상에 시달렸다는 사실은 알 수 없습니다. 이런 구체적인 사실들은 이미지가 아닌 언어를 통해서만 알 수 있지요. 그래서 이미지는 구체적이고 지극히 복잡한 학문의 세계에서는 쓰임새가 제한적입니다. 이미지는 무용·미술·스포츠 등 예술·체육 분야에서 더 유용합니다. 발레리나 강수진의 아름다운 춤 선, 모네의 일렁이는 빛, 김연아 선수의 화려한 턴은 언어로는 표현할 수 없으니까요.

공부는 학습이라고도 하지요. 학습은 두 개의 한자어로 이루어집니다. 바로 배울 학學과 익힐 습習입니다. 사람들은 흔히 배우는 것과 익히는 것을 구분하지 않지만 사실 이 둘은 엄연히 다른 개념입니다. '배우기'는 새로운 내용을 알게 되는 것입니다. 반면 '익히기'는 자주 경험하여 능숙하게 하는 것입니다. 공부는 이 둘을 얼마나 잘하느냐에 달려 있습니다. 새로운 내용을 많이 접하고 이를 능숙하게 하면 성적이 잘 나오게 됩니다. 반대로 이 둘 중 하나라도 부족하면 아무리 열심히 공부해도 성적이 잘 나오지 않습니다. 그런데 학습의 핵심적인 두 행위, 즉 배우기와 익히기는 모두 문해력을 통해 이루어집니다.

먼저 문해력이 배우기에서 중요한 이유를 살펴보겠습니다. 잘 배우려면 강의나 교과서를 잘 이해해야 합니다. 이해력이 좋아야 하는 거지요. 이해력이 좋지 않으면 같은 설명을 듣고 읽어도 무슨 말인지 알아듣지 못합니다. 그렇다면 이해력은 어떻게 올릴 수 있을까요? 이해력은 문해력을 올리면 올라갑니다. 문해력이 곧 이해력이기 때문입니다.

최근 수학능력평가 시험을 살펴볼까요? 2022년 국어 영역 비문학 문제를 보면 4번부터 9번까지는 헤겔의 변증법에 관한 철학 문제입니다. 10번부터 13번까지는 경제, 14번부터 17번까지는 기술·과학 문제이고요. 국어 시험에서 웬 철학, 경제, 기술·과학 문제냐고요? 수능 국어 문제는 철학, 경제, 기술·과학을 '아는지' 묻는 것이 아닙니다. 철학, 경제, 기술·과학에 대한 글을 '이해할 수 있는지' 묻는 것입니다. 2019년 수능에서도 은행의 BIS 비율을 산출하라는 경제 지문이 나왔습니다. 당시 초고난도의 경제 문제를 출제해도 되느냐는 비판이 있었지만, 많은 국어 전문가들은 별 문제 없다는 반응입니다. 경제 지식을 알아야 풀 수 있는 경제 문제가 아니라 지문을 읽고 이해할 수 있으면 풀 수 있는 국어 문제이기 때문입니다. 문해력이 높으면 매우 어려운, 남들은 이해하지 못하는 글도 이해할 수 있게 됩니다. 그래서 문해력을 높이면 어른들 말씀도, TV 뉴스도, 학교 수업도, 학원 수업도, 인터넷 강의도, 교과서도, 지식 책도, 신문도 모두 더 잘 이해하게 됩니다.

　문해력은 익히기에서도 결정적인 역할을 합니다. 문해력이 배우기에서 중요한 이유는 문해력이 곧 이해력이기 때문이라고 했습니다. 문해력이 익히기에서 중요한 이유는 문해력이 곧 소화력이기 때문입니다. 삼켰다고 해서 음식이 소화된 것이 아니듯 이해했다고 해서 지식이 소화된 것은 아닙니다. 삼킨 지식을 온전히 내 것으로 만들기 위한 소화 과정은 소의 되새김질 과정과 유사합니다. 소는 4개의 영역으로 이루어진 위 안에서 음식물을 온통 섞고 뒤집다가 입으로 다시 반추하여 되새김질을 한 뒤 다시 삼킵니다. 잘 소화되지 않는 풀을 자기가 소화할 수 있는 방식으로 바꾸는 겁니다. 공부를 잘하고 성적을 올리려면 되새김질을 해야 합니다. 배운 내용을 책상 앞에 앉아 온전히 혼자만의 힘으로 되짚고 뒤집고 뒤엎어 봐야 하는 겁니다. 이런 지식의 되새김질을 통해 설익었던 이해가 완전한 이해로 변모하여 피가 되고 살이 되는 거지요.

　소는 풀을 소화하기 위해 되새김질 과정에서 침과 위액을 사용합니다. 학생은 지식을 소화하기 위한 되새김질 과정에서 무엇을 사용할까요? 바로 문해력입니다. 소가 소화해야 할 풀은 위장에 고스란히 들어 있지만 아이들이 소화해야 할 지식은 뇌에 들어 있지 않습니다. 뇌에 고스란히 들어 있으면 공부가 성공적으로 끝난 거지요. 그럼 아이들이 되새김질해야 하는 지식은 어디에 들어 있을까요? 바로 책입니다. 교과서든 참고서든 문제집이든 지식 책이든 그 안에 아이가 익혀야 할 지식이 들어 있습니다. 아이들은 문해력을 이용하여 지식을 되새김질해야 합니다. 소가 풀에 침과 위액을 잔뜩 발라 입과 위 안에서 굴리며 소화하듯, 아이는 책을 다시 읽으며 자신의 배경 지식과 선생님의 설명을 잔뜩 발라 머릿속과 입과 펜으로 굴리며 소화해야 합니다. 이 과정에서 문해력이 부족하면 지식은 소화되지 않아 소화불량을 일으킵니다.

산니 그란 라소넨 핀란드 교육부 장관이 문해력이 모든 학습의 기초라고 언급한 이유는 여기에 있습니다. 새로운 지식을 접하고 이해하고 그 지식을 내 것으로 소화하는 모든 과정에서 문해력이 필요하기 때문입니다. 자동차가 휘발유 1리터로 달릴 수 있는 거리를 연비라고 합니다. 연비가 좋은 차는 같은 양의 휘발유로 더 멀리 갈 수 있지요. 학습에도 연비가 있습니다. 같은 양의 에너지를 투입했을 때 얻을 수 있는 성적은 아이마다 다릅니다. 이를 학습 연비라고 할 수 있겠지요. 문해력은 학습 연비를 결정합니다. 문해력이 낮은 아이는 이해력과 소화력이 낮아 학습 연비가 떨어집니다. 많은 시간 수업을 듣고 강의를 듣고 책을 읽어도 남는 것이 적습니다. 반면 문해력이 높은 아이는 이해력과 소화력이 높아 학습 연비가 높습니다. 읽는 족족 듣는 족족 이해하고 소화할 수 있습니다. 그러니 문해력이 없으면 공부도 없습니다.

지금 여기 들어가는 말에서는 문해력의 세 가지 핵심 가운데 첫 번째인 문해력이 모든 학습의 기초가 되는 이유를 알아보았습니다. 두 번째 핵심인 문해력이 우리 삶의 긍정적 측면을 강화하는 방식에 대해서는 1부에서 알아봅니다. 아이의 문해력 습득을 보장하는 초등 문해력 독서법은 2부와 3부에서 알아봅니다. 2부에서는 초급 문해력 독서법을, 3부에서는 한 걸음 더 나아가는 고급 문해력 독서법을 살펴봅니다.

2022년 7월의 어느 날,
수락산 자락 서재에서

차례

1부

문해력이
아이의 삶을
바꾼다

역사상 권력 투쟁의 중심에는 항상 읽기가 있었습니다. 진시황제는 분서갱유를 통해 그에게 위협이 될 수 있는 모든 사상을 차단하려 하였고 지식인들은 숨어서 책을 읽음으로써 이를 극복하려 하였습니다. 마르크스는 《자본론》을 통해 노동 계급의 단결을 꾀했고 미국 매카시즘 세력과 우리나라의 독재 정권은 이를 금서로 지정함으로써 대응했습니다. 글에는 힘이 있습니다. 글에는 인간이 가질 수 있는 가장 고귀한 정신이 담겨 있기 때문입니다. 글은 사람을 강하게 할 수도 약하게 할 수도 있습니다. 글은 인간을 살릴 수도 죽일 수도 있습니다. 이토록 강력한 힘을 가진 글을 잘 읽을 수 있는지 여부는 한 사람을 넘어 우리 사회의 운명을 좌우합니다.

1

문해력과 인격

안전한 경험을 제공하는 읽기

제주도 전통 대문인 정낭은 말이 대문이지 현무암 담벼락 사이에 나무 기둥 세 개를 걸쳐 놓은 것이 전부입니다. 정낭은 외부 사람의 출입을 막는다는 대문의 일반적인 기능은 하지 않습니다. 정낭은 차라리 표지판에 가깝지요. 나무 기둥이 세 개 모두 꽂혀 있으면 주인이 멀리 외출 중이라는 뜻이고 두 개가 꽂혀 있고 하나가 빠져 있으면 저녁에 돌아온다는 뜻이며, 한 개가 꽂혀 있고 두 개가 빠져 있으면 금방 돌아온다는 뜻입니다. 세 개가 모두 빠져 있다면? 주인이 집 안에 있으니 들어와도 좋다는 뜻입니다. 한편 요즘 아파트는 보안이 철저합니다. 우선 아파트 입구에서 경비가 외부 차량의 행선지를 확인하고 해당 동에 도착하면 지하 1층에서 출입문이 다시 가로막습니다. 방문 세대를 호출하여 출입을 허락받아 해당 세대에 도착하면 또 하나의 철문이 앞을 막아서고요. 인터폰을 통해 자신이 안전한 사람임을 확인시켜 준 후에만 겨우 집 안에 들어설 수 있습니다. 이제 최소 세 번의 확인을 거쳐야만 상대방의 집 안으로 들어갈 수 있는 세상이 된 것이지요.

옛날에는 변변한 대문 하나 없이도 별 걱정 없이 살았는데 요즘에는 온갖 보호 장비를 갖추고도 불안합니다. 거리에는 수십 미터마다 CCTV가 있어 항상 우리를 찍고 있고 아이에게는 '등하교 알리미'를 들려 보내 등하교 여부를 확인합니다. 뉴스를 틀면 강력 범죄 소식이 끊임없이 재생됩니다. 자세히 묘사하기도 거북한 사건들이 뉴스를 장식합니다.

왜 사회는 점점 각박해지고 사람들은 공격적으로 변하는 걸까요? 과거에는 나쁜 사람은 나쁘게 태어난다고 믿었습니다. 태어나길 악하게 태어나서, 타고난 천성이 악해서 나쁜 짓을 한다고 믿는 것이죠. 이런 믿음은 불안한 사람들을 그나마 안심하게 합니다. "그들은 천성이 나빠서 '원래' 그래." 이런 말은 이해하기가 쉽지요. 하지만 프로파일 연구는 악함이 후천적으로 만들어진다는 사실을 알려 줍니다. 반사회적 범죄를 일으키는 사람들의 다수는 양육자로부터 정신적·육체적 학대를 받아 트라우마를 입은 경우가 대부분이었습니다. 물론 그러한 트라우마가 모두 반사회적 범죄로 이어지는 것은 아니지만 트라우마가 없었다면 반사회적 범죄도 없었을지 모릅니다. 포승줄을 매고 뉴스에 나오는 그들도 안전한 환경에서 사랑받으며 행복하게 자랐다면 든든한 사회의 구성원이 되었을지 모릅니다. 어린 시절부터 지속된 괴롭고 힘들고 불쾌한 좁은 경험이 그들을 그렇게 몰아넣은 것입니다.

그렇다고 기분 좋은 경험만 해야 인격이 긍정적으로 형성되는 것은 아닙니다. 온실 속의 화초처럼 보호받으며 곱게만 자라면 인내와 노력을 모르지요. 인간에게는 좋은 경험과 나쁜 경험이 두루두루 필요합니다. 그리고 이 경험에 희망적이고 긍정적인 의미를 부여해 주는 누군가가 필요합니다. 그러면 아이들은 좋은 경험을 통해 사랑과 용기를, 나쁜 경험을 통해 인내와 노력을 배울 수 있게 됩니다.

경험이 중요하다는 사실에 나쁜 소식이 있으니, 1970년에 비해 아이들의 활동 반경이 무려 90퍼센트나 줄었다고 합니다. 아이들이 친구를 만나 뛰어놀던 들판과 냇가는 건물과 도로로 바뀌어 버렸고 그 결과 아이들은 스마트폰을 들고 방 안에 머무르게 되었습니다. 경험의 제한은 아이들의 인격 성장을 방해합니다. 대체된 경험이 스크린이기에 더더욱 그렇습니다. 숲속을 걷고 나무를 쓰다듬고 맑은 공기를 마시는 자연 친화적 경험도 서로 손을 붙잡고 공을 주고받으며 공동의 성취를 이루는 경험도 줄어들고 있습니다. 반대로 비록 가상일지라도 총을 쏘고 도끼로 찍고 생전 처음 보는 사람에게 쉬지 않고 욕을 해 대는 경험은 늘어나고 있고요.

아이들의 인성을 위해서는 현실적 경험을 늘리는 일이 무엇보다 중요합니다. 산으로 들로 나가 걷고 친구들을 만나 대화하고 함께 노력해 공동의 성취를 이루는 경험이 필요합니다. 하지만 현실적으로 제약이 많군요. 산과 들은 멀고 학원에 가느라 시간도 부족합니다. 이런 상황에서 읽기가 중요한 대안이 될 수 있습니다. 읽기가 경험의 시간적·공간적 제약을 허물어뜨리기 때문입니다. 아이들은 《어린 왕자》를 읽고 사하라 사막에 추락한 비행기 조종사가 될 수도, 《80일간의 세계 일주》를 읽고 19세기로 돌아가 세계 여행을 떠날 수도 있습니다. 읽기는 타인의 의식 속으로 들어가 그들의 삶을 경험하고 이를 자신의 의식으로 가져오게 합니다. 《엄마를 부탁해》를 통해 엄마를 잃어버린 사람의 마음속으로, 《데미안》이나 《호밀밭의 파수꾼》을 통해서는 소년이 성인으로 성장하는 과정의 혼란과 혼돈을 미리 경험할 수 있지요.

'실제 경험도 아닌데 이야기를 읽는다고 인격 성장에 도움이 될 수 있을까?'라는 의문이 드시나요? 《독서의 역사》를 쓴 아르헨티나 국립도서관장 알베르토 망구엘은 도움이 된다고 답했습니다. 망구엘은 읽기란 일찍부터 삶을 경험함으로써 인생에 대한 전망을 얻는 행위이며 영혼에 깊이를 더하는 길이라고 묘사합니다. 미국 심리학자 제임스 힐먼은 어린 시절의 읽기는 몸소 경험하며 살아 본 듯한 그 어떤 것으로 남게 되어 이야기를 듣고 자란 사람의 정신 발달 상태가 그렇지 않은 사람의 그것보다 더 낫다고 말합니다. 실제 경험이 아닌 읽기 속 경험이 인격 성장에 도움을 줄 수 있는 이유는 우리 뇌가 실제와 가상을 크게 구분하지 않기 때문입니다. 엄청나게 매운 맛을 자랑하는 불닭볶음면 시식 영상을 보고 있노라면 침이 고이고 땀이 나는 이유도 바로 이 때문입니다. 간접 경험도 충분히 생생하다면 직접 경험과 같은 느낌을 제공합니다. 집중해서 읽을 때는 등장인물의 행동·느낌과 관련된 독자의 뇌 영역이 활성화된다는 게 연구를 통해서도 밝혀졌고요. 이야기 속 주인공이 달리면 읽는 이의 운동 뉴런 망이 활성화되고 주인공이 냄새를 맡으면 읽는 이의 후각 뉴런 망이 활성화된다는 거죠. 생생하게 묘사된 이야기를 집중하여 읽는 아이는 책 속 세상으로 들어가 인물과 동일한 경험을 하게 되는 것입니다.

실제와 거의 같지만 안전한 경험이라는 읽기의 특징은 읽는 아이의 경험을 비약적으로 확대해 줍니다. 책을 읽을 때 아이는 현실에서는 결코 만날 수 없는 사람을 만나고 결코 할 수 없는 경험을 할 수 있습니다. 김유신을 만나기도 하고 키다리 아저씨를 만나기도 합니다. 돼지와 거미의 우정을 훔쳐보기도 하고 마법사를 만나 대결을 펼치기도 하지요. 거인이 되어 소인국으로 떠나기도 하며 갈매기가 되어 하늘을 날고 토끼를 따라 낯선 세계로 떠날 수도 있습니다. 다치거나 죽을 걱정 없이 정글로 여행을 떠날 수도 있고 협박을 당할 위험 없이 일탈을 경험할 수도 있지요.

아이는 읽기를 통해 더 넓은 세상을 만나 더 새로운 경험을 하고 더 큰 깨달음을 얻게 됩니다. 이야기 속 화자의 성공과 실패를 고스란히 보면서 무엇이 옳은 행동이고 무엇이 그른 행동이며 무엇을 해야 하고 무엇을 하지 말아야 하는지 배우게 됩니다. 읽기는 각박해지는 현대 사회의 중요한 대안이 될 수 있습니다.

타인의 의식 속으로

인간의 인격은 타인과의 관계 그리고 자기 자신과의 관계, 두 가지를 통해 드러납니다. 타인 그리고 자기 자신과 긍정적이고 건강한 관계를 맺는 사람을 우리는 인격이 훌륭하다고 말합니다. 타인과의 관계에서 핵심은 공감에 있습니다. 공감 능력이 부족하면 타인의 아픔과 고통에 무관심하며 다른 사람을 자신의 목적에 맞게 이용하려 하기 쉽습니다. 타인도 우리와 같은 감정을 가지고 있음을 알고 타인의 관점을 이해할 때 공감 능력이 커집니다. 읽기는 타인의 경험과 감정을 살펴봄으로써 공감 능력을 키울 수 있는 좋은 기회가 되지요. 현실에서는 들을 수 없는 사람들의 내면의 목소리가 이야기에서는 생생하게 구현되기 때문입니다. 다른 이의 말과 행동으로 인물이 어떤 감정을 느끼고 어떤 상처를 받는지 그 과정을 내밀히 들여다볼 수 있습니다. 읽는 이 자신과 같은 이유로 고민하고 힘들어 하는 인물을 만나면 감정을 이입하여 인물과 자신이 하나 되는 경험을 하기도 하고요. 인물과의 동일시가 강화되면 읽는 이는 자의식을 내려놓고 다른 사람의 의식 속으로 들어가게 됩니다. 인물과 동일시된 의식은 기존에는 결코 접해 보지 못한 새로운 관점을 만나게 됩니다. 포기하지 않고 다시 한번 튀어 오르는 인물의 역동성은 겁이 많고 주저하며 뒤로 물러서는 아이를 다시 한번 도전하도록 자극합니다.

현실에서라면 절대로 이해할 수 없을 말과 행동의 앞뒤 상황과 맥락들을 알게 되면서 다양한 삶의 모습들을 느끼기도 합니다. 읽기 전에는 이해할 수 없는 괴상한 선택과 행동도 앞뒤 맥락을 알고 나서는 완전한 수용 혹은 연민을 일으킬 수 있습니다. 《거꾸로 박쥐》(진 윌리스 지음)는 나와 다른 관점을 받아들이고 이해하는 과정을 잘 보여 줍니다. 발이 젖는다며 우산을 달라는 박쥐를 모두들 바보 취급하지만 모두들 거꾸로 매달려 본 뒤 박쥐를 이해하게 됩니다. 이 책을 읽은 아이들은 나와 상대의 입장이 현재 서 있는 곳, 처해진 상황에 따라 달라질 수 있음을 이해하게 됩니다. 《대지》를 읽으면 옛사람들의 땅에 대한 집착을, 《오만과 편견》을 읽으면 다른 사람을 쉽게 판단해서는 안 된다는 사실을 이해할 수 있습니다. 타인의 관점을 이해하면 다른 이에 대한 선입견을 내려놓고 순수한 공감을 느낄 수 있게 되지요. 나라는 관점을 버리고 우리라는 더 확장된 관점을 취할 수 있습니다. 읽기는 타인에 대한 무관심과 혐오를 이겨 낼 수 있는 귀중한 수단입니다.

읽기를 통해 언어력이 커지면 그 자체로 관점이 확장되는 효과가 있습니다. 이와 관련한 재미있는 연구가 있습니다. 어떤 사물의 움직임을 물리적으로 설명하라는 요구를 했을 때 서양인은 주로 물질 자체의 성질로 설명하는 반면 동양인은 주로 물질과 환경의 상호 작용으로 설명하는 차이를 보였습니다. 그렇다면 동양과 서양의 경계선에서 살고 있는 홍콩인은 어떨까요? 홍콩인들은 영어와 중국어를 모두 사용하는데 영어로 물어보면 서양인처럼 답하고 중국어로 물어보면 동양인처럼 답한다고 합니다. 언어가 사고를 규정하기 때문입니다. 두 가지 이상의 언어를 사용하는 사람은 모국어만 사용하는 사람보다 더 넓은 관점

을 가지고 있으며 다른 사람의 관점을 받아들이는 능력도 뛰어나다고
합니다. 한 언어에는 없고 다른 언어에만 있는 어휘와 개념을 통해 남
들은 보지 못하는 다른 세상을 볼 수 있는 것입니다. 홍콩인들이 서양
과 동양의 관점을 동시에 지닐 수 있듯이 말입니다. 한 가지 언어를 사
용하는 경우에도 개인의 언어력이 관점에 영향을 미칩니다. 예를 들어
기존에 몰랐던 어휘를 알면 더 넓은 관점을 가질 수 있지요. 관용, 집단
지성, 상호 의존, 지속 가능성 등의 어휘를 아는 사람은 이런 어휘를 모
르는 사람보다 세상을 보는 눈이 더 넓을 수밖에 없습니다.

자신의 내면 속으로

읽기는 자신을 발견하는 여정이기도 합니다. 타인의 삶을 대리 경험
하는 여행으로서의 읽기가 끝나면 읽는 이의 의식은 자신의 집으로 돌
아오게 됩니다. 미래학자 제러미 리프킨은 "공감의 순간은 살면서 누릴
수 있는 경험 가운데 가장 밀도 높은 생생한 경험이다"라고 했지요. 책
을 읽으며 느꼈던 수많은 감정과 생각, 타인과 세계에 대한 경험이 돌
고 돌아 새롭게 자기 자신을 형성하게 됩니다. 또한 메리언 울프가 말
한 것처럼 읽기는 인간을 기억의 한계에서 해방시키고 타인의 의식을
자신의 의식으로 만들 수 있게도 합니다. 이러한 읽기를 심미적 읽기
Aesthetic Reading라고 합니다. 단순히 정보를 얻고자 하는 읽기를 넘어서
텍스트와 상호 교통하며 자신이 겪는 것에 관심을 갖고 자신의 내부가

활성화되는 읽기입니다.

　미국의 읽기 교육 전문가인 루이스 로젠블랫^{Louise M. Rosenblatt}은 우리가 《노인과 바다》를 읽는 이유가 심해 낚시를 배우기 위해서는 아니라고 말합니다. 《분노의 포도》를 읽는 이유 역시 대공황을 조사하기 위해서가 아니고요. 우리가 이 소설들을 읽는 이유는 읽는 과정에서 감정과 정서를 느끼고 아름다움을 경험하기 위해서이지요. 심미적 읽기를 경험하면 감정과 사고, 인지와 정의가 조화되어 통합된 감성을 이루고 자기 자신을 발견하게 됩니다.

　읽기를 통해 아이는 안전한 상황에서 수많은 실험을 할 수 있게 됩니다. 현실에서는 결코 시도하지 않을 수많은 시도를 하고 세상에 존재하는 모든 종류의 인간과 만나 대화하고 친교를 맺고 논쟁하고 투쟁합니다. 대화와 친교, 시도와 논쟁 그리고 투쟁은 때로는 성공하고 때로는 실패하면서 현실에서 적용할 수 있는 정신 모델을 구축해 나가도록 아이를 자극합니다. 읽는 아이는 그 과정에서 자신이 누구이고 무엇을 원하며 무엇을 느끼는지 알게 되지요. 아이의 인격은 그렇게 성장합니다.

　읽기를 통해 타인에게 공감하고 자아를 발견하게 되면 문제 행동도 줄어듭니다. 일본에서는 하루 10분 아침 독서 운동을 시작한 뒤 큰 변화를 경험했다고 합니다. 아이들은 수업을 더 열심히 듣기 시작했고 국어와 수학 성적이 올랐습니다. 이는 머리말에서 언급한 내용에 비추어 볼 때 어렵지 않게 이해할 수 있는 부분입니다. 놀라운 점은 학교 사고도 50퍼센트 감소했다는 사실입니다. 단지 하루에 10분 동안 책 읽을 시간을 주었을 뿐인데 폭력과 왕따 현상도 크게 줄어든 것이죠.

어떻게 하루 10분 책 읽기가 폭력과 사건 사고를 줄이는 효과가 있었을까요? 아이들이 읽기를 통해 다른 관점을 받아들이는 태도를 습득하면서 타인을 이해하게 되었기 때문입니다. 또 습관적·자동적으로 반응하지 않고 잠시 멈춰서 생각하는 법을 터득했기 때문이기도 하고요. 잠시 멈춰서 '상대의 입장이라면?'이라고 생각하게 되자, 그전에는 이해할 수 없고 참지 못해 일어났던 수많은 사건들이 줄어들게 된 겁니다. 17세기 프랑스 철학자 볼테르는 이미 이런 사실을 알고 있었습니다. 그는 "책은 무지를 사라지게 하고, 경찰과 호위병을 없애 준다"라고 말했습니다. 책을 읽으면 인격이 높은 지성인이 되고 그러면 범죄가 줄어든다는 뜻이겠지요. 아이들이 자기 자신을 이해하게 되면서 자신감과 꿈이 생긴 이유도 있습니다. 꿈이 있고 자신감이 있는 아이는 더 이상 남을 괴롭히거나 이유 없는 말썽을 부리지 않으니까요.

2

문해력과 행복

행복의 두 가지 요소

인간은 왜 사는가? 절대 빈곤과 생존의 문제가 끝나자 사람들의 머릿속을 차지한 질문입니다. 러시아의 대문호 톨스토이 역시 《사람은 무엇으로 사는가》에서 이 질문에 대한 이야기를 풀어놓습니다. 하나님의 명을 따르지 않아 땅으로 추락해 구두 수선공으로 살아가던 미하일은 하나님의 세 가지 질문에 답을 얻어 다시 천사가 됩니다. 세 가지 질문 중 마지막 질문이 바로 '사람은 무엇으로 사는가?'였지요. 이 질문에 대한 미하일의 답은 '사랑'이었습니다. 그는 사람은 오직 사랑의 힘으로 살아가고 있다고 답했습니다.

현실에서 사람들은 각자 자신만의 삶의 목적을 가집니다. 누군가는 돈을 위해, 누군가는 명예를 위해, 누군가는 자식을 위해 살아가지요. 사랑이든, 돈이든, 명예든, 자식이든 답은 다양하지만 이는 모두 결국 행복을 위한 수단으로 보입니다. 사랑, 돈, 명예, 자식의 성공으로 자신과 자신의 가족이 행복해질 수 있다고 믿으니 그것에 에너지를 들이는 거지요. 그렇다면 행복으로 가는 길은 사람마다 완전히 다른 걸까요? 사람마다 구체적인 형상은 조금씩 다르지만 큰 틀에서는 공통점을 보입니다. 행복에 관한 여러 연구의 결론은 크게 두 가지로 귀결됩니다. 의미와 즐거움입니다.

먼저 '의미'를 살펴보겠습니다. 사람은 삶에서 의미를 발견할 때 행복을 느낍니다. 삶에 어떤 의미가 있는지 명확해질 때 삶은 더욱 분명해지고 에너지는 제대로 활용되지요. 그래서 많은 사람들은 자신의 존재에 어떤 의미가 있는지 고민하지만 사실 존재에는 아무 의미가 없습니다.《차라투스트라는 이렇게 말했다》에서 "신은 죽었다"라는 니체의 선언과 함께 시작한 실존주의에 따르면 우리는 그냥 현재 이 순간에 살아 있는 존재일 뿐입니다. 절대적 존재가 어떤 의도로 우리를 내려 보냈다기보다 다른 수많은 생명체들처럼 단지 우연히 태어났다는 의미이지요. 과거에는 사람들이 종교에서 존재의 의미를 찾았습니다. 종교는 너에게는 너만의 소임이 있고 삶은 그걸 발견하고 실행해 나가는 과정이라고 말해 줍니다. 이런 가르침은 사실 여부를 떠나서 분명한 무언가가 있다고 말해 줌으로써 많은 사람들에게 정신적 안정감을 줍니다. 문제는 더 이상 종교가 예전과 같은 힘을 발휘하지 못하는 데 있습니다. 과학적인 사고에 익숙해 종교를 맹목적으로 믿지 않는 현대인은 삶의 의미를 찾지 못해 허무주의에 빠지고 무기력하게 하루를 보내기 쉬워졌습니다. 찾을 수 없는 의미를 찾으려 하지 말고 이 순간을 즐기자며 쾌락주의로 빠지는 이들도 있고요.

그렇다면 삶에는 아무런 의미가 없고 본질적으로 허무한 걸까요? 그렇지는 않습니다. 존재에 아무 의미가 없다는 말은 다른 누군가에 의해 주어지는 의미가 없다는 뜻이지 절대적으로 아무런 의미도 없다는 뜻이 아닙니다. 삶과 존재의 의미는 저절로 주어지지 않기에 스스로 만들어야 합니다. 자신만의 삶의 의미를 발견하면 삶은 분명해지고 명확해집니다. 무엇을 위해 에너지를 쏟을지 알게 되고 주도적 노력으로 삶의 의미를 키워 가면 사람들은 행복감을 느끼게 됩니다.

이제 즐거움을 살펴볼까요? 자신만의 의미를 찾아서 더 높은 차원을 향해 나아가는 것 못지않게 지금 이 순간에 그냥 잘 존재하는 것도 중요합니다. 우리의 삶은 형이상적인 차원에서 이루어지지 않습니다. 우리의 몸과 정신은 물질적인 요소로 구성되어 있으며 환경의 영향을 받습니다. 몸이 아프면 마음이 힘들고 고통스럽죠. 마음이 번잡하면 몸이 무기력해집니다. 깨달음을 얻고 결국 부처가 된 고타마 싯다르타는 깨달음을 얻기 위해 고행에 들어갔습니다. 오랜 단식으로 몸에는 뼈만 남았고 가시덤불 위를 구르고 뜨거운 모래밭에 몸을 던졌습니다. 몸과 마음에서 일어나는 욕구를 차단하면 영원히 변하지 않는 자아, 즉 아트만을 발견할 수 있으리라 믿었기 때문입니다. 하지만 깨달음을 얻고 부처가 된 후 그는 제자들에게 극단적인 수행을 하지 말라고 가르칩니다.

쾌락과 고통이라는 양극단을 통해 얻을 수 있는 깨달음은 없으니 중도를 지키라고 말이지요. 가시나무 화관을 쓰고 십자가에 못 박힌 예수와 보리수나무 아래 앙상하게 말라 갈비뼈가 하나하나 드러나 보이는 부처의 이미지 때문에 우리는 깨달음이란 고통과 관련되어 있지 않나 생각하죠. '고통 없이는 얻는 것도 없다'No pain, no gain라는 격언은 분명한 진리이지만 세상에는 도움이 되는 고통과 도움이 되지 않는 고통, 두 가지가 있다는 〈하우스 오브 카드〉라는 드라마 속 말도 기억해야 합니다. 꼭 필요한 노력은 하되 쓸데없는 고통을 줄이고 즐거움을 늘려 나가야만 우리는 삶에서 더 큰 행복감을 느낄 수 있습니다.

　의미와 즐거움은 둘 다 중요합니다. 의미만 있고 즐거움이 없다면 삶은 퍽퍽한 가시밭길이 되기 쉽습니다. 즐거움만 있고 의미가 없다면 몰려오는 공허감에 어찌할 도리가 없고요. 인생의 행복은 도움이 되는 고통을 통해 삶의 의미를 만들어 나가는 동시에 필요 없는 고통은 줄여 즐거움을 늘려 나가는 데 있습니다. 자신보다 더 큰 무언가를 위한 헌신을 통해 영혼을 충족하고, 동시에 자신의 물리적 실체인 육체를 잘 돌보아 감각을 충족해야 합니다. 그럴 때 인간은 가장 깊은 행복감을 느낄 수 있습니다. 읽기는 즐거움과 의미라는 행복의 두 가지 요소를 충족시키는 훌륭한 수단입니다. 읽기를 통해 인간은 즐거움을 느끼는 동시에 의미를 찾아 갈 수 있습니다. 어떻게 읽기는 우리의 행복에 영향을 미칠까요?

건전한 즐거움으로서의 읽기

현대화는 사람들로 하여금 여가를 누릴 수 있는 시간을 늘려 주었습니다. 세탁기는 겨울철 냇가에서 손을 호호 불어 가며 옷을 비벼 빨 필요가 없게 해 주었고 빨라진 교통수단은 시험을 보러 가기 위해 한 달 넘게 산 건너고 물을 건널 필요 없게 해 주었지요. 사회·문화의 변화로 개인을 중시하는 문화가 자리 잡고 일과 삶의 균형을 잡자는 '워라밸' 트렌드로 인해 회식이나 체육대회 같은 형식적 단체 활동도 줄어들고 있습니다. 우리에게 주어진 더 많은 시간은 역으로 우리에게 그 시간을 어떻게 사용할 것인가라는 질문을 던집니다.

즐거움을 찾고자 하는 인간의 본능으로 인해 사람들은 남는 시간을 즐거움을 위해 활용합니다. 문제는 즐거움의 건전성 여부입니다. 즐거움에는 운동이나 요리처럼 지속 가능하고 생산적이며 건전한 즐거움이 있는 반면, 마약·술·담배·게임처럼 지속하기 어렵거나 파괴적이며 불건전한 즐거움도 있습니다. 물론 마약을 제외하면 적당히 즐겼을 때 큰 문제가 되지는 않지만 불건전한 즐거움은 사람을 중독시킨다는 특징이 있습니다. 불건전한 즐거움은 바닷물과 같아서 마시면 마실수록 갈증을 일으키지요. 한 잔이 금세 한 병이 되는 술과 한 판이 금세 밤샘이 되는 게임처럼 스스로의 의지로 멈춰서기 어려운 면이 있습니다. 인생의 행복에서 즐거움은 중요하지만 불건전한 즐거움은 여기에 해당하지 않습니다. 불건전한 즐거움은 오히려 갈망과 애욕을 일으켜 몸과 정신을 파괴하고 불행의 늪으로 사람을 인도합니다.

행복에 도움이 되는 즐거움은 건전한 즐거움입니다. 읽기는 건전한 즐거움의 대표적 예이고요. 읽기가 얼마나 건전하고 생산적인 즐거움인지는 이미 널리 알려져 있으니 같은 이야기로 지면을 낭비하지는 않겠습니다. 다만 읽기가 긍정의 측면으로 아이를 이끌 뿐 아니라 간접적으로 부정적 행동을 차단하는 효과도 있다는 사실을 생각해 보겠습니다. 하루 10분 책 읽기를 하는 일본의 사례에서도 보았듯이 읽기는 해로운 행동을 할 시간을 차단합니다. 할 일이 없으면 할 일을 찾게 되고 찾은 할 일 중 일부는 나쁜 행동일 수 있지요. 나쁜 행동이 더 매력적이고 쉽기 때문에 그걸 수행할 가능성이 그리 되지 않을 가능성보다 더 클 수 있겠네요. 읽기는 읽지 않을 때 즐거움을 찾아 헤매다 도착할 수 있는 수많은 부정적 행위에 대한 접근 자체를 줄일 수 있습니다.

읽기는 정신과 육체의 건강 모두에 도움을 주어 즐거움을 증대시킵니다. 독서는 스트레스를 감소시킵니다. 30분 정도의 독서는 요가와 유머만큼 혈압, 심장 박동 수, 심리적 고통을 낮추는 것으로 확인되었습니다. 또 서식스대학교의 인지신경 심리학자 데이비드 루이스는 실험을 통해 단 6분의 독서만으로도 스트레스의 68퍼센트를 줄일 수 있다고 밝혀 냈습니다. 독서는 수면에도 도움이 됩니다. 스마트폰과 커피가 뇌를 각성시켜 잠들지 못하게 하는 반면 책은 우리 뇌의 긴장도를 낮추어 쉽게 잠들게 만들지요. 독서는 우울증에도 도움이 됩니다. 영국 국립보건원은 환자의 상태에 따라 적당한 책을 추천하는 '리딩웰'Reading Well 프로그램을 운영합니다. 독서는 치매 예방에도 도움이 됩니다. 젊은 시절 책을 많이 읽으면 알츠하이머에 덜 걸린다는 연구 결과가 있습니다.

읽는 동안 뇌가 계속해서 새로운 연결을 만들어 내기 때문입니다. 치매 예방을 위해서는 고스톱보다는 책을 읽는 게 좋겠습니다. 스트레스를 낮추고 수면을 돕고 우울증을 완화하고 치매를 예방하니 당연히 수명도 늘어납니다. 3635명의 성인을 12년 동안 추적 조사한 결과 책을 읽는 사람이 읽지 않는 사람보다 2년 더 오래 살았다고 합니다. 일주일에 3시간 30분, 즉 하루 평균 30분 동안 책을 읽으면 그렇지 않은 사람보다 더 오래 살 가능성이 23퍼센트 증가한다고 합니다.

가슴 벅찬 의미를 주는 읽기

삶의 의미는 크게 두 가지에서 발견됩니다. '자기 자신을 발견하는 일'과 '자기보다 더 큰 무언가와 연결되는 일'이 바로 그것입니다. 자기 자신이 어떤 사람인지 이해하고 더 큰 자신이 되기 위한 노력에서 인간은 삶의 의미를 느낄 수 있지요. 현대인이 점점 더 공허해지는 이유 중 하나가 여기에 있습니다. 스마트폰과 TV를 보는 시간은 늘어나는데 그 속에서는 자기를 찾을 수도 없고 더 큰 무엇과 연결되지도 않습니다. 그 속에서는 오직 타자만을 볼 수 있고, 보면 볼수록 연결이 아닌 단절을 느끼게 되지요. 읽기는 이 문제를 해결합니다. 읽기는 자신을 발견하게 하고 더 큰 무언가와 연결되는 경험을 하게 합니다.

평생을 인간의 행복에 대해 연구한 심리학자는 행복의 비밀을 어디에서 찾을까요? 헝가리 출신 심리학자 미하이 칙센트미하이는 《몰입》에서 행복의 비밀은 몰입에 있다고 말합니다. 몰입은 시간과 공간, 자기 자신의 존재조차 잊을 정도로 어떤 행위에 깊게 빠져든 심리적 상태를 말합니다. 그는 몰입한 상태에서는 행복도 불행도 느끼지 못하지만 몰입이 끝난 뒤 자신의 잠재력이 확장된 느낌을 받으며 행복감을 느끼게 된다고 설명합니다. 무언가에 시간 가는 줄 모르게 빠져든 사람이 그 일이 다 끝난 뒤 "아, 정말 최고였어"라거나 "나 정말 집중했었어"라고 말할 때 황홀감을 느끼고, 이것이 최고의 행복이라는 말입니다. 누구나 이런 경험이 한 번은 있기에 몰입이라는 개념은 많은 공감을 받고 널리 알려지게 되었습니다.

　몰입은 자기 확장감 외에 다른 방법으로도 행복감을 제공합니다. 몰입은 의미와 즐거움을 모두 제공하거든요. 몰입을 할 때는 뇌가 아무런 잡념 없이 평온한 상태로 존재합니다. 걱정, 두려움, 불안, 후회, 우울, 걱정과 같은 잡념 없이 오직 한 가지에만 집중할 때 뇌는 평온을 느끼고 즐거워하게 됩니다. 읽기는 몰입을 통해 뇌의 평온함이라는 즐거움과 자기 확장감이라는 의미를 제공합니다. 읽기는 가장 쉽게 경험할 수 있는 건전한 몰입입니다. 명상가의 선정이나 마라토너의 '러너스 하이'Runner's high도 건전한 몰입이기는 하나 이들은 얻기가 힘듭니다. 선정을 얻기 위해서는 오랜 기간 수련해야 하고 러너스 하이를 얻기 위해서는 숨이 넘어가는 듯한 극한의 순간을 넘겨야 합니다. 반면 독서의 몰입에는 오랜 기간의 수련이나 극단적 고통이 필요하지 않습니다. 편안하게 앉은 지금 이 순간 바로 가능하지요. 읽기는 재미있는 스토리로 아이를 초대하여 행복과 불행을 모두 잊고 집중하게 만듭니다. 아이는 이야기의 재미에 빠져 집중하고 그 순간 뇌는 편안함을 느끼죠. 이야기의 끝과 함께 몰입이 끝날 때 아이는 자신이 얼마나 집중해서 책을 읽었는지 깨닫고 자기 자신 안에서 변화를 감지하며 성장이라는 의미를 느낄 수 있습니다.

스마트폰 속 세상에서는 모두가 해외여행을 떠나고 와인을 마시며 파티를 즐기고 있는 듯합니다. 화려한 스포트라이트 밑의 아름다운 모델도 사실 집에서는 무릎 나온 잠옷에 기름진 머리를 하고 반쯤 감긴 눈으로 TV를 봅니다. 하지만 이런 현실은 타인에게는 보이지 않습니다. 우리는 그들의 가장 아름다운 순간만을 보게 됩니다. 우리는 공들여 연출한 타인의 이미지와 자신의 있는 그대로의 현실을 비교하게 됩니다. 당연히 자신은 초라해 보이고 보잘것없어 보이죠. 디지털 세계는 실명일 때는 실명이라서 거짓된 세계를 보여 주지만 익명일 때는 익명이라서 추악한 모습을 보여 줍니다. 현실 세계에서는 보기 힘든 수준의 인종·지역·성에 대한 혐오와 조롱도 디지털 세계에서는 흔합니다. 디지털 세계에서 우리는 연결보다는 단절을, 사랑·공동체·인류애보다는 질투·시기·혐오를 느끼기 더 쉽습니다.

반면 읽기는 진리·사랑·공동체·인류애와 같은 더 큰 세계와 우리와의 연결을 일구어 냅니다. 《오 헨리 단편선》 속 〈마지막 잎새〉에는 죽어 가는 폐렴 환자 존시에게 삶의 희망을 주기 위해 노력하는 노인 화가 베어먼이 나옵니다. 마지막 잎새가 떨어지면 자신도 죽을 거라고 생각하는 존시를 위해 그는 비바람을 맞으며 밤새 벽돌 담벼락에 담쟁이 잎새 하나를 그려 넣습니다. 그리고 자신은 그날 밤 얻은 폐렴으로 세상을 떠나고 말지요. 이런 이야기를 통해 아이들은 사랑과 인류애를 깊게 가슴에 담게 됩니다. 감기에 걸리지 않도록 옷을 잘 입어야겠다는 교훈도 얻을 수 있겠지만 타인을 위한 순수한 사랑과 나눔의 정신을 느끼고 자신이 세상의 일원임을 깨달을 수 있습니다. 스마트폰 속에는 클릭 수를 늘리기 위해 눈과 말초 신경을 자극하는 영상이 흔하지만 책에는 가슴을 감동시킬 이야기가 흔합니다. 스마트폰은 홀린 듯 보게 한 뒤 세상의 각박함과 홀로 떨어진 느낌과 공허감을 주지만 책 속 이야기는 따뜻함과 세상과 연결되는 느낌을 줍니다. 그렇게 책은 우리를 행복하게 만듭니다.

3

문해력과 성공

힘은 문해력에서 나온다

읽기는 오랜 기간 지배층의 전유물이었습니다. 신 중심의 중세 유럽에서는 성경이 라틴어로만 쓰여 있어 교육받지 못한 평민은 읽지 못하였습니다. 우리나라 역시 과거에는 한문을 사용하여 배우지 못한 평민과 노비는 읽지 못하였고요. 읽기는 지배층에게만 허락되어 지배층이 자신의 힘을 과시하고 피지배층을 다루는 하나의 수단으로 사용되었습니다. 중세 유럽의 부패한 성직자들은 성경의 내용을 제멋대로 해석하고 지어내고 부풀리며 편리한 대로 이용하여 막대한 부를 쌓았습니다. 돈을 내면 지상에서의 죄가 사해져 천국에 갈 수 있다며 면죄부를 팔기도 했지요. 조선 시대 권력층 역시 글을 읽지 못하는 평민들의 약점을 이용하여 종종 허위 계약서를 써서 그들의 토지를 빼앗곤 했지요.

이런 부조리한 상황을 타개하려는 노력 역시 읽기를 통해서 이루어졌습니다. 읽기가 문제였으니 읽기로 해결하려 한 것이지요. 마틴 루터는 중세 유럽의 문제 상황을 《95개조 반박문》으로 알리고 라틴어 성경을 독일어로 번역하여 보급하였습니다. 그의 노력은 구텐베르크 인쇄술에 힘입어 약 한 달 만에 유럽 전역으로 퍼졌고, 종교개혁의 시발점이 되었습니다. 세종대왕 역시 글을 모르는 백성의 서러움을 달래 주기 위하여 훈민정음을 창제하였습니다. 읽기가 보편화되면 기득권을 잃을 것을 염려한 기득권층은 피지배층이 읽지 못하게 하려 했지요. 교황은 마틴 루터의 모든 저서를 불태우도록 명령하였고 집현전의 수장인 최만리는 중국과 다른 문자를 사용함은 스스로 오랑캐가 되는 길이라며 한글 사용을 반대했습니다.

역사상 권력 투쟁의 중심에는 항상 읽기가 있었습니다. 진시황제는 분서갱유를 통해 그에게 위협이 될 수 있는 모든 사상을 차단하려 하였고 지식인들은 숨어서 책을 읽어 이를 극복하려 하였습니다. 마르크스는 《자본론》을 통해 노동 계급의 단결을 꾀했고 미국 매카시즘 세력과 우리나라의 독재 정권은 이를 금서로 지정함으로써 대응했습니다.

글에는 힘이 있습니다. 글에는 인간이 가질 수 있는 가장 고귀한 정신이 담겨 있기 때문입니다. 글은 사람을 강하게 할 수도 약하게 할 수도 있습니다. 글은 인간을 살릴 수도 죽일 수도 있습니다. 이토록 강력한 힘을 가진 글을 잘 읽을 수 있는지 여부는 한 사람을 넘어 우리 사회의 운명을 좌우합니다. 이제는 글을 아예 읽지 못하는 사람은 거의 없고 정치적으로 금지된 서적도 없습니다. 책과 글이 모두에게 허용되었습니다. 책과 글이 모두에게 허용되었다고 해서 모두가 보물 상자를 열수 있는 것은 아닙니다. 보물 상자는 잠겨 있기 때문입니다. 상자를 열수 있는 열쇠는 문해력입니다. 문해력을 갖춘 아이는 보물 상자를 열수 있고 문해력이 없는 아이는 그럴 수 없습니다.

개천에서 난 용은 책을 읽었다

빌 게이츠, 마크 저커버그, 워런 버핏, 일론 머스크, 손정의. 이들의 공통점은 무엇일까요? 첫째, 이름만 들으면 누구나 알 만한 세계적인 재벌입니다. 둘째, 책을 사랑하는 독서광입니다. 자신의 성공에 독서가 절대적인 역할을 했다고 말하는 빌 게이츠는 1년에 50권 이상의 책을 읽는다고 합니다. 마크 저커버그는 고전을 읽기 위해 히브리어와 라틴어를 배우고 있으며 한 달에 최소 두 권 이상의 책을 읽는다지요. 워런 버핏은 투자를 시작한 이후 지금까지 매일 500페이지 이상을 읽는다고 합니다. 일론 머스크는 아홉 살 때 브리태니커 백과사전을 전부 읽었으며 젊은 시절 하루 10시간씩 독서를 해서 읽은 책이 지금껏 1만 권을 웃돈다고 하네요. 소프트뱅크 손정의 사장은 중증 만성 감염으로 26세부터 3년간 병원 신세를 지면서 4000권의 책을 읽었다고 합니다. 그는 그때 읽은 4000권이 현재의 자신을 만들었다고 말합니다. 통계에 따르면 자수성가한 자산가 70퍼센트는 한 달에 두 권의 책을 읽는다고 합니다. "자수성가한 자산가는 시간이 많으니까 그만큼 읽을 수 있지"라고 말할지 모르겠습니다. 하지만 그런 생각은 원인과 결과를 뒤바꾼 착각입니다. 시간이 많은 자산가라서 책을 많이 읽는 것이 아니라 책을 그만큼 많이 읽었기에 자수성가 할 수 있었던 것입니다.

《하루 15분 책 읽어 주기의 힘》에 소개된 똑같은 환경에서 자랐지만 전혀 다르게 성장한 두 집단에 대한 이야기를 살펴보겠습니다. 연구는 노동자 가정에서 자라 노동자가 된 15명(A그룹)과 똑같이 노동자 가정에서 자랐지만 교수가 된 15명(B그룹)을 비교·조사 했습니다. 연구진은 무엇이 이 두 집단 사이에 차이를 만들었는지 다양한 요인을 분석했습니다.

찾아낸 결론은 무엇이었을까요? 바로 읽기였습니다. 교수가 된 B그룹 15명 중 12명은 자신이 어릴 때 부모가 책을 읽어 주었다고 했지만 A그룹에서 어릴 때 부모가 책을 읽어 준 경우는 4명밖에 없었습니다. B그룹의 부모 30명 중 25명은 책을 읽었지만 A그룹의 부모 30명 중에서 책을 읽은 사람은 10명뿐이었지요. B그룹은 15명 전원이 어린 시절 책 읽기를 독려 받았지만 A그룹에서 어린 시절 책 읽기를 독려 받은 사람은 3명밖에 없었습니다. 즉 B그룹은 전원이 책 읽기를 독려 받았고 그들 부모의 80퍼센트 이상이 책을 읽어 주고 스스로도 읽었습니다. 반면 A그룹에서 부모가 책을 읽거나 읽어 주거나 최소한 읽으라고 독려한 이는 각각 20~30퍼센트에 불과했지요. 이 연구 결과를 보면 읽기와 성공 사이에는 매우 높은 관련성이 존재하는 게 맞는 듯합니다.

이지성의 《리딩으로 리딩하라》에는 읽기가 한 집안의 운명을 결정한 이야기가 나옵니다. 같은 시기, 같은 지역에 같은 정도의 재산을 가진 두 가문이 있었습니다. 한 가문에서는 독서가 가풍이었고 다른 한 가문에서는 그렇지 않았습니다. 책 읽는 문화를 가진 조너선 에드워즈의 가문에는 5대 동안 896명의 자손이 있었습니다. 그중 상류층은 522명이었다고 합니다. 그들은 부통령, 상원의원, 대학 총장, 대학 교수, 의사, 목사, 군인, 저술가, 법조인, 공무원이었습니다. 책보다 술을 가까이 한 마커스 슐츠의 집안은 5대 동안 자손 1092명을 낳았는데 그중 전과자, 알코올중독자 등 하층민이 965명이었다고 합니다. 처음 비교를 시작한 조너선 에드워즈와 마커스 슐츠 시대에는 두 가문이 비슷했지만 읽는 문화의 유무가 큰 차이를 만들어 내었습니다.

어려운 환경을 딛고 일어난 사람을 보면 우리는 '개천에서 용났다'고 합니다. 개천의 이무기가 용이 되기 위해서는 오랜 시간 갈고닦아야 합니다. 가만히 드러누워 놀고먹어서는 용이 될 수 없습니다. 이무기가 용이 되기 위해서는 읽어야 합니다. 읽기는 이무기가 용으로 변할 수 있게 해 주는 드래곤볼인 셈입니다.

문해력과 인격

○ 건전한 인격 형성을 위해서는 다양한 경험이 필요하다.

○ 읽기는 실제와 유사한 다양한 경험을 안전하게 하도록 돕는다.

○ 읽기를 통해 작품 속 인물, 즉 타인의 경험과 감정을 살펴봄으로써 공감 능력을 키울 수 있다.

○ 읽기로 인해 언어 능력이 커지면 그 자체로 관점이 확장되는 효과를 누릴 수 있다.

○ '심미적 읽기'를 경험하면 조화롭고 통합된 감성을 이루고 자신의 내부가 활성화된다.

○ 읽기를 통해 타인에 공감하고 자아를 발견하면 문제 행동이 줄어든다.

문해력과 행복

○ 행복을 이루는 두 가지 요소는 의미와 즐거움이다.

○ 읽기는 이 두 가지를 함께 충족시킬 수 있는 훌륭한 수단이다.

○ 읽기는 해로운 행동을 할 시간을 차단한다.

○ 읽기는 스트레스를 줄이고 수면에 도움이 된다.

○ 읽기는 몰입을 통해 뇌의 평온함이라는 즐거움과 자기 확장감이라는 의미를 제공한다.

○ 읽기는 진리·사랑·공동체·인류애와 같은 더 큰 세계와 우리와의 연결을 일구어낸다.

문해력과 성공

○ 인간이 가질 수 있는 가장 고귀한 정신이 담긴 글은 사회적 힘의 원천이다.

○ 문해력은 글이라는 보물 상자를 열 수 있는 열쇠다.

○ 연구에 따르면 읽기와 성공 사이에는 높은 관련성이 존재한다.

문해력 자가 진단

우리 아이의 문학 문해력을 진단하는 평가입니다. 질문을 읽고 예 혹은 아니오에
체크해 보세요.

	질문	예	아니오
1	이야기를 읽고 내용을 정리해 말할 수 있다.		
2	인물이 어떤 말과 행동을 한 동기를 찾을 수 있다.		
3	이야기의 시간과 공간적 배경을 정확하게 파악할 수 있다.		
4	짐작을 통해 모르는 어휘의 뜻을 합리적으로 예상할 수 있다.		
5	비유적 표현을 읽고 그렇게 비유한 까닭을 설명할 수 있다.		
6	이야기를 읽고 뒤에 이어질 내용을 상상할 수 있다.		
7	이야기를 발단, 전개, 절정, 결말로 요약할 수 있다.		
8	하나의 단어를 듣고 비슷한 뜻을 가진 여러 단어를 찾은 후 이를 서로 비교할 수 있다.		
9	이야기에서 읽은 것을 내 삶에 적용할 수 있다.		
10	이야기 내용을 원인과 결과, 사실과 의견으로 구분할 수 있다.		
11	이야기를 읽고 작가가 하고자 하는 말 혹은 주제를 발견할 수 있다.		

'예'라고 답한 개수

0~2개: 문학 문해력이 매우 약합니다. 초급편을 꼼꼼히 차례대로 읽고 실천해 보세요. 쉽고 짧은 책을 이용하세요.

3~5개: 문학 문해력이 약합니다. 초급편에서 아이가 특히 약한 부분을 먼저 찾아 읽고 실천해 보세요. 현재 아이가
읽는 책보다 좀 더 쉬운 책을 이용하세요.

6~8개: 문학 문해력이 보통입니다. 고급편을 차례대로 읽고 실천해 보세요. 아이가 현재 읽는 책을 이용하세요.

9~11개: 문학 문해력이 강한 편입니다. 고급편에서 아이가 궁금해하는 부분을 찾아 읽고 실천해 보세요. 혹은 어려
운 책으로 초급부터 차례대로 실천해 보아도 좋습니다.

2부

초등
문해력
독서법

초급편

사건 이해 능력은 문해력을 넘어 아이의 실제 삶에도 긍정적인 영향을 끼칩니다. 이야기를 읽으며 어떤 일이 일어났는지 앞뒤를 살피고 가장 중요한 일을 찾다 보면 현실에서도 그 능력을 사용할 수 있습니다. 이를 '전이'라고 하는데, 한 분야에서 기른 능력을 다른 분야에서 사용할 수 있게 되는 것을 뜻합니다. 문학 속 사건을 이해하는 힘은 문학을 넘어 우리 삶 속 사건을 더 깊게 이해하는 눈이 됩니다. 이런 눈을 가지게 되면 삶의 면면을 더 통찰력 깊은 시선으로 살필 수 있습니다. 좋은 이야기를 많이 읽는 사람은 자신이 살지 못하는 다른 수많은 인생을 살아 보는 것과 같습니다. 문학이 삶에 통찰을 제공하는 거지요.

1

줄거리를 요약하라

문해력을 기르기 위해서는 책을 읽어야 합니다. 책을 읽기 위해서는 이야기를 잘 이해해야 하고요. 이야기를 이해해야 재미가 있어 계속 읽을 수 있거든요. 부모는 문해력을 기르기 위해 아이가 책을 읽기를 바라지만 아이는 그저 재미있어서 읽습니다. 숙제나 권유로 읽기 시작해도 어쨌든 재미있어야 계속 읽습니다. 재미를 느끼려면 먼저 이야기를 이해하는 것이 가장 중요합니다. 이야기를 이해하지 못하면 재미를 느끼지 못하며 그러면 그 누구라도 책을 놓게 됩니다. 이해 안 되는 이야기를 계속 읽는 사람은 없습니다.

이야기를 이해한다는 것은 기본적으로 다음 세 가지를 이해하는 것입니다. 인물, 사건, 배경. 이를 소설의 3요소라고 합니다. 세발자전거처럼 소설은 이 세 가지 요소에 의지하죠. 그중에서도 가장 중요한 것,

가장 중심이 되는 것은 바로 사건입니다. 사건은 무슨 일이 일어났는가에 관한 것입니다. 인생은 사건의 연속이지요. 밥을 먹고 아이를 돌보고 친구와 수다를 떠는 것 모두 사건입니다. 사건 이해는 이야기 이해의 출발점입니다. 어떤 일이 일어났는지를 파악해야 계속 읽을 수 있고 인물과 배경을 이해하고 더 나아가 상상하고 적용하고 분석하고 주제를 파악할 수 있어요. 그런 점에서 문해력 발달과 독서의 모든 이점은 사건 이해에서 출발합니다. 사건 이해는 문해력 발달에 있어 척추와 같습니다. 제대로 된 읽기의 최소한의 요구 사항이며 이후의 모든 읽기 행위가 사건 이해에서 유래되니까요.

사건 이해 능력은 문해력을 넘어 아이의 실제 삶에도 긍정적인 영향을 끼칩니다. 이야기를 읽으며 어떤 일이 일어났는지 앞뒤를 살피고 가장 중요한 일을 찾다 보면 현실에서도 그 능력을 사용할 수 있게 됩니다. 이를 전이라고 하는데, 한 분야에서 기른 능력을 다른 분야에서 사용할 수 있게 되는 것을 뜻합니다. 문학 속 사건을 이해하는 힘은 문학을 넘어 우리 삶 속 사건을 더 깊게 이해하는 눈이 됩니다. 이런 눈을 가지게 되면 삶의 면면을 더 통찰력 깊은 시선으로 살필 수 있게 됩니다. 좋은 이야기를 많이 읽는 사람은 자신이 살지 못하는 다른 수많은 인생을 살아 보는 것과 같습니다. 문학이 삶에 통찰을 제공하는 거지요.

사건 이해의 기본은 줄거리를 이해하는 것입니다. 줄거리는 이야기 속 사건을 진행 순서에 따라 간단히 정리한 내용을 말하지요. 우리는 흔히 "줄거리를 이해했니?"라고 묻지요. 줄거리를 이해했다는 것은 무엇을 나타내는 걸까요? '이해'는 추상적인 단어입니다. 불분명하여 구체적으로 드러나지 않는다는 뜻이지요. 아이가 이해했는지 못했는지는 판단하기 어렵습니다. 이를 판단하기 위해서는 이해라는 모호한 단어를, 가부를 정확하게 판단할 수 있는 명확한 단어로 바꾸어 보아야 합니다. 여기에 가장 적합한 단어는 바로 요약입니다. 요약할 수 있으면 이해한 겁니다. 요약하지 못하면 이해하지 못한 거고요. 아이에게 줄거리를 요약하게 하면 아이가 줄거리를 이해했는지 여부를 알 수 있습니다. 줄거리를 잘 요약하면 이야기를 잘 이해한 것이고, 줄거리를 잘 요약하지 못하면 잘 이해하지 못한 것입니다. 아무리 재미있게 읽고 안다고 느껴도 줄거리를 제대로 요약하지 못한다면 이야기를 단편적이고 피상적으로 읽었다고 보아야 합니다.

초등 국어 교육 과정에서는 학생들이 다음의 성취 기준을 충족시켜야 한다고 말합니다.

> · 4학년 국어 01-05 내용을 요약하며 듣는다.
> · 4학년 국어 03-02 시간의 흐름에 따라 사건이나 행동이 드러나게 글을 쓴다.

한 문단 요약하기

아이들에게 이야기 줄거리를 물어보면 잘 답할 수 있는 아이는 그리 많지 않습니다. 《마틸다》처럼 300쪽이 넘는 이야기는 고사하고 짧은 글의 줄거리를 물어도 마찬가지입니다. 국어 교과서에 담긴 두 쪽짜리 글을 읽고도 무슨 내용인지 말하지 못하는 아이들이 상당히 많습니다. 이런 아이들에게 무엇을 해 주어야 할까요? 이런 아이들은 어떻게 도와주어야 할까요? 이해는 요약이라고 했습니다. 그래서 이해할 수 있게 만들려면 요약할 수 있게 도와주어야 합니다.

300쪽짜리 글이 두 쪽짜리 글보다 요약하기 더 어려운 것은 분명하지만 사실 양이 중요한 것은 아닙니다. 중요한 것은 중요도를 판단하는 능력입니다. 300쪽짜리 글을 요약하지 못하는 이유는 글이 길어서라기보다 무엇이 더 중요한지 판단하지 못하기 때문입니다. 중요도를 판단할 줄 모르기 때문에 그냥 기억에 남는 것 아무것이나 이야기를 하게 되는 겁니다. 무엇이 더 중요하고 무엇이 덜 중요한지 판단할 줄 알면 두 쪽짜리 글을 요약할 수 있게 됩니다. 그리고 여기에 연습을 더하면서 양을 늘려 가면 나중에는 300쪽짜리 글을 요약할 수 있게 되는 거고요. 그러니 줄거리 요약 능력을 길러 주려면 책 전체가 아닌 작은 부분에 우선 초점을 맞추어야 합니다. 부모와 아이가 직접 다룰 수 있을 정도로 한눈에 들어오는 작은 부분에서 중요도를 판단하는 훈련을 하세요. 다음은 《마틸다》에서 아이들이 가장 좋아하는 이야기 중 일부입니다. 이 부분을 요약해 볼까요?

마틸다는 한 손에는 모자를 들고 다른 손에는 초강력 접착제가 든 튜브를 들고는, 모자의 안쪽 테두리에 접착제를 짜 발랐다. 그러고 나서 지팡이를 이용하여 조심스럽게 모자를 못에 다시 걸어 놓았

다. 마틸다는 아빠가 식탁에서 아침 식사를 마치고 일어나는 때에
접착제가 알맞게 굳도록 시간을 잘 맞추는 작전을 펼쳤다.

_《마틸다》37~39쪽 중

Step 1. 일어난 일 모으기

우선 어떤 일들이 있었는지 하나하나 찾아봅니다. 하나하나 모두 찾
아보아야 하기 때문에 위 예시처럼 그리 길지 않은 문단을 선택하는 게
좋습니다. 다음 질문을 중심으로 대화를 해 보세요.

문해력을 향상시키는 질문

01. 여기서는 어떤 일들이 있었지?
02. 너의 표현으로 바꾸어 말해 볼까?

대화 1

😊 : 이 문단에서는 어떤 일들이 있었지? 차례대로 하나씩 말해 볼
까?

😊 : "초강력 접착제가 든 튜브를 들고는, 모자의 안쪽 테두리에
접착제를 짜 발랐다."

😊 : 좋아. 그런데 그냥 읽지 말고 네 말로 살짝 바꿔 볼까?

😊 : 음… 초강력 접착제를 모자 안쪽 테두리에 발랐다.

😊 : 좋아. 그러면 다음은?

🐑 : "지팡이를 이용하여 조심스럽게 모자를 못에 다시 걸어 놓았다."

🧑 : 그것도 네 말로 바꿔 볼래?

🐑 : 지팡이로 모자를 다시 걸어 놓았다.

🧑 : 좋아. 마지막은?

🐑 : 이건 모두 접착제가 알맞은 시간에 굳도록 작전을 펼친 거예요.

Step 2. 가장 중요한 일 찾기

일어난 일을 모두 모았다면 다음 질문으로 가장 중요한 일을 찾아보겠습니다.

문해력을 향상시키는 질문

03. 여러 일들 중에서 가장 중요한 사건은 무엇일까?

04. 뒤에서 일어날 일들에 가장 큰 영향을 끼치는 일은 무엇일까?

대화 2

🧑 : 그러면 이 일들 중에서 가장 중요한 사건은 무엇일 것 같아?

🐑 : 음……

🧑 : 세 개의 일 중에서 뒤에 일어날 일들에 가장 큰 영향을 끼치는 일은 무엇일까?

🐑 : 접착제를 바른 일?

: 왜 그렇게 생각해?

: 접착제를 모자에 발라 두면 큰일이 벌어질 것 같은데요?

문해력을 향상시키는 질문

05. 가장 중심이 되어 다른 모든 일들을 일어나게 하는 것은 무엇일까?

대화 3

 : 그러면 이 일들 중에서 중요한 사건은 무엇일 것 같아?

: 음……

 : 가장 중심이 되어 다른 모든 일들을 일어나게 하는 일은 무엇일까?

: 접착제를 바른 것.

 : 왜 그렇게 생각해?

: 접착제를 발랐으니까 지팡이로 모자를 걸어 두고 접착제가 알맞은 시간에 굳도록 작전을 펼쳐야 했던 거잖아요.

Step 3. 중요한 일을 중심으로 요약하기

가장 중요한 일을 찾았다면 이를 중심으로 짧게 요약합니다. 한 문장으로 요약할 수 있으면 가장 좋고 힘들다면 두세 문장으로 요약해도 좋습니다.

문해력을 향상시키는 질문

06. 중요한 일을 중심으로 설명을 덧붙여 짧게 요약해 볼까?

07. 한 문장으로 요약할 수 있을까?

08. 중요한 정보가 빠지지는 않았을까?

대화 4

🧑 : 중요한 일을 중심으로 설명을 덧붙여 짧게 요약해 볼까?

😀 : 접착제를 바르고 지팡이로 모자를 걸어 뒀어요. 알맞은 시간에 굳도록.

🧑 : 한 문장으로 요약할 수 있을까?

😀 : 마틸다는 알맞은 시간에 굳도록 접착제를 바른 후 모자를 걸어 뒀어요.

🧑 : 잘했어. 그런데 한 문장으로 요약하고 나니 중요한 정보가 조금 빠진 것 같지 않아?

😀 : 음…… 글쎄요. 어떤 정보요?

🧑 : 알맞은 시간이 언제인지, 그리고 그게 누구 모자인지가 들어가면 더 좋을 것 같아.

😀 : 마틸다는 식사를 마치는 시간에 접착제가 굳도록 아빠 모자에 접착제를 바른 뒤 다시 걸어 뒀어요.

더 긴 글 요약하기

하나의 문단을 한 문장으로 요약했다면 점점 넓혀 나가 봅니다. 좀 더 긴 몇 개의 문단에서 핵심적인 사건을 찾아 정리해 보겠습니다. 위에서 해 보았던 질문들을 이용하여 다음처럼 대화를 진행해 보세요.

> 그 순간 물컵이 흔들렸다. 진짜로 아주 조금 뒤로 기울었다가 다시 제자리로 돌아왔다. 마틸다는 눈에서 뻗어 나오는 수백만 개의 보이지 않는 손을 이용해서 물컵을 계속 밀었다. 눈 정중앙에 있는 까만 점에서부터 짜르르 발사되는 힘을 느끼면서.
>
> 마틸다가 다시 속삭였다.
>
> "넘어뜨려! 넘어뜨려!"
>
> 물컵이 다시 기우뚱했다. 마틸다는 눈에서 더 많은 힘을 내뿜으며 더욱 세게 밀었다. 그러자 아주 천천히. 무슨 일이 일어나는지 알아채지 못할 만큼 천천히 물컵이 뒤로 기울기 시작했다. 점점 더. 점점 더. 뒤로 기울더니 물컵 밑바닥의 한쪽 가장 자리로만 균형을 잡을 때까지 기울어졌다. 그리고 몇 초 동안 비틀거리다가 마침내 쨍그랑하며 교탁 위에 쓰러졌다.
>
> _《마틸다》 217~218쪽 중

대화 5

👶 : 여기서는 어떤 일들이 있었지?

😊 : 그 순간 물컵이 흔들렸다.

😄 : 너의 표현으로 바꾸어 말해 볼래?

😊 : 물컵이 흔들리는 것. 마틸다가 눈의 힘으로 물컵을 미는 것. 물컵이 쓰러지는 것.

😄 : 여기서 가장 중요한 사건은 무엇인 것 같아?

😊 : 음…… 물컵이 흔들리다가 넘어진 것.

😄 : 물컵이 넘어진 게 중요하긴 해. 그런데 빠뜨리면 안 되는 중요한 정보가 있어.

😊 : 쨍그랑하며 교탁 위에 쓰러진 거요?

😄 : 쨍그랑하고 쓰러진 것은 사건에 그렇게 영향을 미치지는 않잖아? 여기서 사건에 중대한 영향을 미치는 건 뭘까?

😊 : 눈에서 힘을 내뿜어서 넘어뜨린 거요?

😄 : 맞아. 컵이 그냥 넘어진 것은 별 일 아니지.

😊 : 네.

😄 : 그런데 눈에서 힘이 나와서 컵을 넘어뜨리는 것은 엄청난 일이잖아. 흔한 일이 아니니까.

😊 : 그렇죠.

😄 : 그러면 중요한 일을 중심으로 사건을 덧붙여 한 문장으로 말해 볼까?

😊 : 마틸다는 눈에서 힘을 내뿜어서 물컵을 넘어뜨렸다.

위와 같은 방식을 이용해 점점 더 긴 부분을 요약해 보세요. 한 페이지를 요약하고 한 챕터를 요약하고 한 권의 책 전체를 요약하는 겁니다. 더 긴 부분의 요약은 더 짧은 부분의 요약을 다시 요약하면 됩니다. 한 챕터의 요약은 각 페이지 요약을 모아서 요약하고요. 한 권의 요약은 각 챕터 요약을 모아서 다시 요약하는 식으로요.

2

인물을 이해하라

톨스토이, 도스토옙스키로 대표되는 러시아 문학은 세계적으로 명성이 높지만 그만큼 악명도 높습니다. 명성이 높은 이유는 작품 완성도와 철학적 사유의 깊이에서 옵니다. 반면 악명은 엄청난 수의 등장인물과 등장인물 이름의 복잡함에서 오지요. 《카라마조프 가의 형제들》에 나오는 삼형제의 이름은 다음과 같습니다. 첫째 드미트리 카라마조프, 둘째 이반 카라마조프, 셋째 알렉세이 카마라조프. 벌써 어렵죠? 그런데 이들에게는 각각 애칭이 여러 개 있습니다. 셋째 알렉세이 카라마조프는 상황에 따라 알료샤, 료샤, 알료셰치카, 알료센카, 알료쉬카라고 불립니다. 드미트리, 이반, 알렉세이라는 이름도 겨우 외웠는데 그들의 애칭이 계속 바뀌는 걸 보면 뒤통수를 한 대 얻어맞는 기분입니다. 그런데 등장인물이 어디 삼형제뿐이겠습니까? 그들의 아버지는 표도르 파블로

비치 카라마조프이고 그에게는 역시 이름이 긴 아내가 있습니다. 그것도 두 명이나요. 이외에도 정부, 친구, 하인, 장로, 신학생, 검사 등이 나오는데 하나같이 길고도 어려운 이름이군요. 러시아 문학을 읽을 때는 인물 이름이라는 미로를 헤매는 기분을 자주 느끼곤 합니다.

인물의 이름을 외우는 것부터 난관이라 하더라도 이야기를 이해하는 데 있어 인물 이해는 매우 중요합니다. 모든 이야기는 인물이 겪는 사건이기 때문입니다. 인물을 이해하지 못하면 사건을 깊게 이해할 수 없으며, 당연히 이야기도 제대로 이해하기 어렵습니다. 사건을 더 잘 이해하려면 인물에도 초점을 맞추어야 합니다. 이야기 속 인물을 잘 이해할 수 있으면 실제 현실에서도 도움을 받을 수 있지요. 이야기 속 인물의 삶과 마음을 이해하는 것이 실제 사람들의 삶과 마음을 이해하는 데 도움이 되거든요. 현실 속 인물이 이야기 속 인물과 겹쳐 보이기도 하고 이야기 속 인물을 보다 보면 현실 속 인물이 떠오르기도 합니다. 사람에 대한 이해는 비단 타인뿐 아니라 자기 자신에게도 해당됩니다. 《죄와 벌》의 라스콜니코프, 《외투》의 아카키를 이해하면 다른 사람은 물론 나 자신을 더 잘 이해할 수 있게 되는 것이지요.

초등 국어 교육과정에서는 아이들이 다음의 성취 기준을 충족시켜야 한다고 말합니다.

> · 4학년 국어 05-02 인물, 사건, 배경에 주목하며 작품을 이해한다.
> · 6학년 국어 01-07 상대가 처한 상황을 이해하고 공감하며 듣는 태도를 지닌다.

주요 인물 파악하기

> 나이가 매우 지긋한 이 두 노인은 버켓 씨의 부모님이다. 할아버지 이름은 조이고 할머니 이름은 조세핀이다. 이 위쪽에 있는 매우 늙은 노인 두 분은 버켓 부인의 부모님이다. 할아버지 이름은 조지이고, 할머니 이름은 조지아나이다. 아래쪽이 버켓 씨다. 버켓 씨 옆에는 버켓 부인이다. 이 부부에게는 찰리 버켓이라는 어린 아들이 있다. 이 꼬마가 바로 찰리다.
>
> _《찰리와 초콜릿 공장》 7~9쪽 중

가장 먼저 할 일은 등장인물의 이름을 기억하고 그중에서 중요한 인물이 누구인지 파악하는 것입니다. 등장인물의 이름이 어렵기로 악명 높은 러시아 문학이 아니더라도 인물의 이름을 기억하는 것은 중요합니다. 인물의 이름을 헷갈리기 시작하면 이야기가 헷갈리니까요. 인물이 등장할 때 다음의 질문으로 대화를 해 보세요.

문해력을 향상시키는 질문

09. 등장인물의 이름은 무엇이니?
10. 그들은 서로 어떻게 연결되어 있니?
11. 이야기에서 누가 중요한 인물일 것 같아?

대화 6

🧑 : 등장인물의 이름을 하나씩 말해 볼래?

🧒 : 버켓 씨, 조, 조세핀, 버켓 부인, 조지, 조지아나, 찰리 버켓.

🧑 : 그들은 서로 어떻게 연결되어 있지?

🧒 : 조와 조세핀은 버켓 씨의 부모님이에요. 조지와 조지아나는
　　 버켓 부인의 부모님이고. 찰리는 버켓 씨 부부의 아들이고.

🧑 : 이야기에서 누가 중요한 인물일 것 같아?

🧒 : 찰리?

🧑 : 왜 그렇게 생각해?

🧒 : 책의 제목이 《찰리와 초콜릿 공장》이니까요.

　인물을 파악할 때 관계도를 만들어 보는 것도 좋습니다. 종이에 인물들의 이름을 쓰고 선으로 연결하는 겁니다. 뒤에 나오는 인물은 계속 추가해 넣으면 됩니다. 인물 관계도는 인물 상호 간의 관계를 시각적으로 보여 주어 사건을 더 깊게 이해하는 데 도움이 됩니다.

인물의 특성 파악하기

　인물의 이해는 단순히 이름을 아는 것이 아닙니다. 나이나 직업을 아는 것도 아닙니다. 누군가 나의 이름을 안다고 그들이 나를 안다고 할 수 없는 것과 마찬가지입니다. 인물을 이해한다는 것은 이름·나이 같

은 외적 특징이 아닌 성격·특성 같은 내적 특징을 파악하는 것을 뜻합니다. 우리에게 '주홍 글씨'라는 오역 제목으로 더 잘 알려진 너새니얼 호손의 《주홍 글자》 속 인물들의 이름에는 그들의 특성이 숨어 있습니다. 헤스터 프린은 남편이 생사불명의 상태일 때 누군가의 아이를 임신하게 됩니다. 프린은 '간통'Adultery을 뜻하는 A를 가슴에 달고 모욕을 받으며 살아가게 되지요. 반면 프린을 임신시킨 딤스데일은 자신의 잘못을 숨긴 채 목사로 존경받으며 살아갑니다. 하지만 그의 정신은 죄책감에 나날이 피폐해져 가지요. 딤스데일이라는 이름은 '운명의 날'이라는 뜻의 '둠스데이'Doom's Day를 떠올리게 하는군요. 헤스터 프린의 남편 칠링워스는 딤스데일의 죄를 눈치챕니다. 칠링워스는 자신이 누구인지 숨긴 채 딤스데일에게 접근해 서서히 그의 정신을 조종하며 파멸로 몰아갑니다. 그는 딤스데일을 오싹chilling하게 할 만한worth 사람이지요. 헤스터 프린이 간통으로 낳은 딸의 이름은 펄입니다. 죗값을 치르고 가장 낮은 곳에서 선행을 실천하며 간통의 A를 능력Able의 A로, 나중에는 천사Angel의 A로 바꾼 헤스터 프린에게 펄은 고통 끝에 얻은 진주Pearl이지요.

《찰리와 초콜릿 공장》에 등장하는 아이들 역시 이름에 많은 뜻을 숨기고 있습니다. 초콜릿 공장의 소유주 윙카는 주인공 찰리를 포함해 네 명의 아이들을 초대합니다. 이 아이들은 각각 자기만의 개성과 특징을 가지고 있습니다. 먼저 아우구스투스 굴룹입니다. 굴룹은 먹는 걸 아주 좋아해 온몸이 지방질이에요. 이 아이는 나중에 윙카 씨의 초콜릿 공장 안에 있는 초콜릿 강에서 탐욕스럽게 초콜릿을 퍼 먹다가 파이프 속으로 쭉 빨려 들어가 버리게 됩니다. 그의 이름에는 어떤 비밀이 숨어 있을까요? 아우구스투스는 고대 로마의 첫 번째 황제의 이름입니다. '굴룹'gloop은 '꿀꺽 삼키다'라는 뜻의 '걸프'gulp와 유사하군요. 이 둘을 합쳐보니 아우구스투스 굴룹은 '황제처럼 탐욕스럽게 꿀꺽 삼키는 아이'라는 뜻이 되네요. 다음은 바이올렛 뷰리가드입니다. 뷰리가드는 한시도 쉬지 않고 껌을 씹어 대는 아이입니다. 바이올렛은 보라색을 뜻합니다. 이 아이는 웡카 씨의 만류에도 불구하고 완성되지 않은 마법의 껌을 씹다가 블루베리 같은 보라색 공으로 부풀어 오릅니다. 바이올렛이라는 이름은 자신의 운명을 나타내고 있었군요. 다음은 버루카 솔트입니다. 버루카 솔트는 가지고 싶은 것은 어떻게 해서든 반드시 가져야 하는 아이입니다. 뜻대로 되지 않으면 바닥에 드러누워 온갖 떼를 다 쓰지요. 버루카Veruca에 알파벳 R을 하나 더하면 발바닥에 잘 생기는 사마귀Verruca가 됩니다. 솔트는 잘 아시다시피 소금이고요. 제대로 걷기 어렵게 만드는 발바닥 사마귀처럼 성가시고 소금처럼 짜서 '퉤' 하고 뱉게 된다는 뜻일까요? 마지막으로 마이크 티비입니다. 이름만 보고도 이 아이가 어떤 아이일지 알 수 있지 않나요? 네. 맞아요! 텔레비전을 좋아하는 아이입니다.

사실 인물의 특성이 이름에 이처럼 적나라하게 드러나는 경우는 드뭅니다. 똑똑해 보이는 이름을 쓰거나 좀 더 촌스러운 이름을 사용하는 경우는 흔하지만요. 그래서 인물의 특성을 파악하기 위해서는 인물의 말과 행동을 잘 살펴보는 것이 중요합니다. 인물의 특성은 인물의 말과 행동에 모두 들어 있습니다. 아이와 함께 마이크 티비가 어떤 인물인지 다음 질문을 통해 생각해 보시기 바랍니다.

문해력을 향상시키는 질문

12. 인물이 어떤 말을 했지?
13. 인물이 어떤 행동을 했지?
14. 인물은 어떤 사람인 것 같아?

> "기자들이 집으로 찾아갔을 때, 티비 씨네 집도 다른 집들이 그랬던 것처럼 광분한 사람들로 난장판이었다. 하지만 행운을 잡은 마이크는 소란스러운 분위기에 몹시 신경이 날카로워져 있었다. 마이크는 화가 나서 소리를 질렀다. '이 바보들. 내가 텔레비전 보는 게 안 보여요? 방해하지 말라고요.' 아홉 살 먹은 이 남자아이는 커다란 텔레비전 앞에 앉아 갱단들이 서로에게 기관총을 쏘아 대는 영화에 정신이 팔려 있었다."
>
> _《찰리와 초콜릿 공장》 54~55쪽 중

대화 7

🧒 : 마이크 티비는 어떤 말을 했지?

🐑 : 이 바보들. 내가 텔레비전 보는 게 안 보여요? 방해하지 말라고요.

🧒 : 또 어떤 행동을 했지?

: 화가 나서 소리를 지르고 갱단들이 서로에게 기관총을 쏘아 대는 영화에 정신이 팔렸어요.

: 마이크 티비는 어떤 사람인 것 같아?

: 텔레비전 보는 걸 엄청 좋아하는데 예의도 없는 것 같아요.

: 왜 그렇게 생각해?

: 자기를 찾아온 기자들에게 "이 바보들"이라고 하잖아요.

인물의 동기 파악하기

인물을 깊이 이해하려면 단순히 겉으로 드러난 말과 행동만 보아서는 안 됩니다. 그런 말과 행동이 나오게 된 동기를 알아야 합니다. 동기란 어떤 말과 행동을 하도록 하는 계기를 뜻합니다. 사람의 모든 말과 행동에는 동기가 있습니다. 아무런 의도가 없는 말과 행동은 없지요. 설령 스스로 알아채지 못한다고 해도 인간의 모든 말과 행동에는 반드시 동기가 있습니다. 다만 무의식 깊숙한 곳에 숨어 있는 경우 발견하기 어려울 뿐입니다. 밤늦은 시간에 라면 봉지를 뜯게 된 동기는 배고픔입니다. 스스로 잘 알죠. 아이가 공부를 하지 않으면 화가 나는 이유는 사실 부모의 불안 때문입니다. 이런 경우는 스스로 잘 모르는 경우가 많지요. 말과 행동을 넘어 그 말과 행동의 동기를 이해하면 우리는 진정으로 그 사람을 이해할 수 있게 됩니다. 그러니 이야기를 읽을 때 인물은 왜 그런 말과 행동을 하게 되었는지 생각해 보세요. 세상과 사람들을 보는 통찰력이 생길 겁니다.

　인물의 동기는 내적 욕구와 외적 영향으로 나누어 볼 수 있습니다. 내적 욕구는 자기 안에 존재하는 특정한 욕구입니다. 배가 고프거나 주변 사람들에게 있어 보이고 싶고 더 많은 지식을 알고 싶고 우리 아이가 행복하기를 바라는 마음, 모두 내적 욕구입니다. 외적 영향은 개인이 어떤 말이나 행동을 하도록 타인이나 사회로부터 유도되는 것이지요. 외적 영향에는 분위기를 통한 자연스러운 유도와 노골적인 압박이 있습니다. 모든 사람이 줄을 서 있어서 늦게 도착한 사람도 자연스럽게 줄을 서게 된다면 자연스러운 유도겠지요. 늦게 오고도 새치기 한 사람에게 사람들이 뒤로 가서 바르게 줄을 서라고 고함친다면 노골적인 압력을 가하는 거고요. 다음은 《찰리와 초콜릿 공장》의 발바닥 사마귀, 버루카 솔트 양의 이야기입니다. 솔트는 어떤 아이이고 어떤 동기가 있을까요? 다음 질문을 통해 아이와 함께 생각해 보세요.

"그러니까 우리 딸이 무슨 일이 있어도 황금빛 초대장을 꼭 가져야겠다고 한 겁니다. 그래서 전 그 길로 시내에 나가 눈에 보이는 대로 웡카 초콜릿을 사기 시작했죠. 아마 수천 개는 될 겁니다.아니 수십만 개일지도 모르겠네요. 여하간 있는 대로 사서는 몽땅 트럭에 싣고 곧장 우리 공장으로 날랐습니다. 들어서 아시겠지만 전 땅콩 사업을 하고 있습니다. 우리 공장에는 땅콩을 볶고 소금 치기 전에 땅콩 껍질을 까는 백여 명의 여자 직원들이 있지요. 온종일 앉아서 땅콩 껍질을 까는 겁니다. 제가 그날 그랬지요. '자, 여러분 땅콩 껍질은 그만 까고. 지금부터는 초콜릿 포장지를 까 주세요' 하고 말입니다. (…)

하지만 사흘이 그냥 지나가더군요. 행운이 따라 주지 않았어요. 얼마나 괴로웠던지! 시간이 지날수록 딸의 실망감도 커 갔죠. 퇴근해서 집으로 가면 딸이 저를 보자마자 소리를 지르는 겁니다. '황금빛 초대장은 어디 있어요? 난 황금빛 초대장이 꼭 필요하단 말이에요!'라고 말이죠. 그러면서 마룻바닥에 벌렁 드러누워 발버둥을 치고 고래고래 악을 쓰면서 떼를 썼답니다. 정말 안쓰러워서 못 보겠더군요. 그래서 딸이 저토록 원하는데 무슨 일이 있어도 끝까지 찾아야겠다고 마음먹었습니다."

_《찰리와 초콜릿 공장》41~42쪽 중

문해력을 향상시키는 질문

15. 인물은 어떤 행동을 했지?
16. 인물은 왜 그런 행동을 했을까?
17. 다른 인물이라면 어떻게 행동했을까?
18. 무엇이 인물을 자극했을까?
19. 상황이 달랐다면 인물이 다르게 행동했을까?

대화 8

😊 : 버루카의 아빠는 어떤 행동을 했지?

😊 : 초콜릿을 엄청나게 많이 사서 공장 직원들에게 까게 했어요.

😊 : 왜 그런 행동을 했을까?

😊 : 버루카가 초대장을 너무 갖고 싶어 해서요.

😊 : 버루카는 황금빛 초대장을 갖지 못하자 어떤 행동을 했지?

😊 : 바닥에 드러누워 발버둥을 치고 고래고래 악을 썼어요.

😊 : 버루카는 왜 그런 행동을 했을까?

😊 : 황금빛 초대장을 너무 갖고 싶어서요.

😊 : 무언가를 너무 갖고 싶다고 모두가 그렇게 행동하지는 않잖아.

😊 : 그렇죠.

😊 : 찰리라면 어떻게 행동했을까?

😊 : 찰리는 아쉽지만 속으로 참았을 거예요.

😊 : 그러면 버루카를 그렇게까지 행동하도록 자극한 것은 무엇일까?

😊 : 아빠가 너무 오냐오냐 한 거요.

😊 : 좀 더 자세히 설명해 볼래?

😊 : 저렇게 버릇없게 행동하면 보통 부모가 혼을 내잖아요. 그런데 버루카 아빠는 오히려 무슨 일이 있어도 찾아 줘야겠다고 하잖아요. 그래서 버루카가 더 버릇이 없어진 것 같아요.

😊 : 상황이 달랐다면 인물이 다르게 행동했을까?

😊 : 만약에 버루카 엄마 아빠가 못된 행동에 따끔하게 혼냈다면 저렇게는 못했을 거예요.

3

배경을 이해하라

영화를 볼 때 처음 5분간 무슨 내용인지 이해하기 어려웠던 경험 다들 있지 않으신가요? 대략적인 스토리를 알고 보면 쉬운데 제목만 아는 상태에서 영화를 보게 되면 처음 5분이 혼란스럽습니다. 일상적인 이야기는 그나마 괜찮은데 독특한 세계관을 가진 영화라면 더욱 그렇지요. 진짜보다 더 진짜 같은 가상현실을 살아간다는 설정의 〈매트릭스〉. 인류가 멸망하고 혼자 살아 좀비와 맞서 싸우는 〈나는 전설이다〉. 단기 기억상실증에 걸린 한 남자가 메모를 통해 아내 살해범을 찾아 나가는 〈메멘토〉. 판도라 행성에서 원주민 나비족과 전쟁을 벌이게 되는 〈아바타〉. 모두 하나같이 완전히 새로운 배경에서 독특한 세계관을 가진 영화로 초반 5분 상황 파악이 중요한 영화들입니다. 처음에는 낯설어도 배경을 파악하고 나면 영화가 이해되기 시작합니다. 이야기의 배경이 파악되어야 전체 그림을 그릴 수 있게 되지요.

문학을 이해할 때도 배경을 잘 파악해야 합니다. 두 다리를 앗아 간 흰 고래와 투쟁에 나선 한 선장의 이야기, 무인도에 난파돼 지독한 고독 속 생존을 위한 싸움의 이야기, 이탈리아 앰뷸런스 부대에 소속된 한 미국인 남자의 이야기라는 사실을 파악할 때 사건도 인물도 제대로 이해되기 시작합니다. 배경은 인물이 사건을 경험하게 되는 특정한 상황입니다. 육하원칙으로 보자면 '누가'는 인물을, '무엇을' '어떻게' '왜'는 사건을 뜻합니다. 그리고 '언제' '어디서'가 바로 배경입니다. 배경은 시간과 공간으로 이루어지지요. '그림자가 길게 늘어진 골목길' '순조 1년 외딴섬 흑산도' 등이 모두 배경입니다. 배경은 글자 그대로 인물과 사건의 활약 뒤에 깔리는 것이기에 주목받지 못하는 경우가 많습니다. 하지만 배경은 이야기의 무대가 되어 인물과 사건에 영향을 끼칩니다. 배경을 파악하고 염두에 두면 이야기를 더 깊이 이해할 수 있습니다. 더 나아가 배경을 잘 파악하는 능력은 실제 삶을 더 풍요롭게 만들 수 있습니다. 시간과 공간이 사람과 사건에 미치는 영향을 안다면 더 적절한 판단과 행동을 할 수 있게 되니까요.

초등 국어 교육과정에서는 아이들이 다음의 성취 기준을 충족시켜야 한다고 말합니다.

· 4학년 국어 05-02 인물, 사건, 배경에 주목하며 작품을 이해한다.
· 6학년 국어 01-07 상대가 처한 상황을 이해하고 공감하며 듣는 태도를 지닌다.

시간적 배경 파악하기

이야기를 읽을 때 시간적 배경을 나타내는 표현에 주목해 보세요. 영어 동화에서는 'Once upon a time'으로 표현되는 '옛날 옛적에'가 대표적인 시간적 배경입니다. '1974년 겨울' 혹은 '이른 저녁' 같은 표현도 있습니다. '지난 전쟁통'이라든지, '남작'처럼 간접적으로 시대를 추측할 수 있는 표현도 있고요. 시간적 배경을 나타내는 표현을 찾았다면 이야기가 어느 시대에 속하는지 생각해 보세요. 시대는 아주 단순화하면 과거, 현재, 미래로 나눌 수 있습니다.《견우와 직녀》《몽실 언니》《여자의 일생》은 과거의 이야기입니다. 학교 모습을 담고 있는《나쁜 어린이표》《쿵푸 아니고 똥푸!》는 현재의 이야기입니다. 서기 2496년의 이야기인《멋진 신세계》와《기억 전달자》는 미래의 이야기지요. 시대에 대한 특별한 묘사나 설명이 없다면 작품이 쓰여졌던 시기를 시대적 배경으로 생각하면 대개 맞습니다. 특별히 시대를 표현하지 않는다면 작가는 자신이 글을 쓰고 있는 동시대를 표현하는 게 일반적이거든요.

초등 고학년이 되면 시대를 좀 더 세분화하여 생각해 볼 수 있습니다. 한국 문학은 고조선 시대, 삼국 시대, 고려 시대, 조선 시대, 일제 강점기와 해방 이후를 포함한 근대 그리고 현대 정도로 구분이 가능합니다.《하늘의 아들 단군》은 고조선 시대,《만파식적》은 삼국 시대,《첩자가 된 아이》는 고려 시대,《초정리 편지》는 조선 시대,《몽실 언니》는 근대,《만복이네 떡집》은 현대의 이야기입니다. 세계 문학은 고대, 중세, 근대, 현대로 나누어 볼 수 있습니다.《길가메시 이야기》같은 고대 이야기는 주로 세상의 창조와 국가 건설에 대해 이야기합니다. 《왕자와 거지》나 《돈키호테》 같은 중세 이야기는 종교가 중심이 된 신분 사회가 배경이라 신과 왕 그리고 귀족과 기사가 등장하지요. 《80일간의 세계 일주》《해저 2만 리》 같은 근대 이야기는 기계화와 산업 발달에 의한 빈부 격차, 그리고 이로 인한 시민 계급의 출현을 담고 있습니다. 《이반 데니소비치의 하루》《변신》 같은 현대 이야기는 두 번의 세계대전으로 인한 인간성 상실, 삶과 가치에 대한 성찰을 다루는 경우가 많습니다.

Step 1. 시간을 나타내는 표현 찾기

> 동이 트려면 삼십 분쯤 남은 시각이었다. 윌버는 잠에서 깨어 귀를 기울였다. 헛간은 아직 어두웠다. 양들은 기척도 없이 누워 있었다. 암거위까지도 조용했다.
>
> _《샬롯의 거미줄》48쪽 중

《샬롯의 거미줄》에서 시간을 나타내는 표현을 찾아보겠습니다. 가장 먼저 가볍게 시간이나 계절을 나타내는 표현을 찾습니다. 함께 찾아보아도 좋고 아이 혼자 읽다가 시간이나 계절을 나타내는 표현이 있으면 형광펜으로 표시하도록 할 수도 있습니다. 다음 질문으로 아이와 함께 시간을 나타내는 표현을 찾아보세요.

20. 이야기에서 시간이나 계절을 나타내는 표현에는 무엇이 있지?

대화 9

🙂 : 여기서 시간이나 계절을 나타내는 표현을 찾아볼까?

😊 : 동이 트려면 삼십 분쯤 남은 시각이었다.

🙂 : 그건 대략 몇 시쯤일 것 같아?

😊 : 아침에 해가 보통 몇 시에 떠요?

🙂 : 계절마다 다르긴 한데 6시 30분쯤 뜬다고 생각해 볼까?

😊 : 그러면 한 6시?

🙂 : 그런 것 같아. 그러면 지금부터 책을 읽으면서 시간이나 계절
을 나타내는 표현을 찾으면 형광펜으로 표시해 두렴.

Step 2. 시대 파악하기

이제 시대를 파악해 보겠습니다. 시대라는 개념은 조금 어렵습니다.
시대에 대한 앞의 설명을 아이와 함께 읽고 대화를 나누어 본 뒤 찾아
보세요.

문해력을 향상시키는 질문

21. 어느 시대의 이야기 같아?
22. 시대를 추측할 수 있는 증거에는 무엇이 있지?

🧒 : 《샬롯의 거미줄》은 어느 시대 이야기 같아?

👧 : 음…… 글쎄요.

🧒 : 아주 최근의 이야기일까?

👧 : 그건 아닌 것 같아요.

🧒 : 왜 그렇게 생각해?

👧 : 핸드폰이나 컴퓨터가 나오지 않잖아요.

🧒 : 시대를 추측할 수 있는 또 다른 증거를 찾아볼까?

👧 : 자동차가 있어요.

🧒 : 그걸 통해서 무엇을 알 수 있지?

👧 : 아주 먼 옛날은 아닌 것 같아요.

《샬롯의 거미줄》처럼 시대가 잘 드러나지 않는 이야기들이 있습니다. 이런 이야기는 대개 작가가 책을 쓴 시점이 배경이라고 생각하면 됩니다. 책날개의 작가 연혁을 보니 1899년에 태어나 1985년까지 살았습니다. 성인이 된 이후에 썼을 테니 작가가 30~50세일 무렵 썼다고 계산해 보겠습니다. 그럼 대략 1930년에서 1950년쯤 쓴 것으로 보이는데요. 그럼 이제 실제로 이 책을 언제 썼는지 확인해 보겠습니다. 속표지 바로 앞 책 정보를 보면 "Copyright ⓒ 1952 by E. B. White"라고 적혀 있네요. 1952년에 발표했다는 뜻이니, 추측이 대략 맞군요. 따라서 《샬롯의 거미줄》의 배경은 1940~50년대라고 볼 수 있습니다.

공간적 배경 파악하기

2014년 노벨 생리의학상은 우리 뇌 속에 있는 장소 세포를 발견한 세 명의 학자에게 돌아갔습니다. 장소 세포는 장기 기억이 형성되기 위해 반드시 거쳐야 해서 기억의 관문이라 불리는 해마에 들어 있습니다. 장소 세포는 공간에 대한 우리의 정신 지도를 만드는 역할을 하지요. 알츠하이머 환자들은 바로 이 장소 세포가 크게 훼손되어 익숙한 장소에서 길을 잃는다고 합니다. 모든 기억은 장소 세포를 거치기에, 공간과 관련된 자세한 정보가 있으면 기억은 더욱 단단해집니다. 이 말은 반대로 공간에 대해 무관심하면 기억이 쉽게 사라진다는 뜻이지요. 그러므로 이야기를 읽을 때 공간에 좀 더 많은 관심을 가지도록 도와주세요.

《삼국지》를 읽는다면 중국 지도를, 《로마인 이야기》를 읽는다면 지중해 연안 여러 국가들의 지도를 펼쳐 놓고 위치를 확인하며 읽으면 좋습니다. 《80일간의 세계 일주》를 읽는다면 지구본을 가져다 놓고 영국 신사 필리어스 포그와 프랑스인 하인 파스파르투가 떠나는 행적을 짚어 나가 보세요. 《낙타와 주인》을 읽는다면 홍해의 동쪽, 헤자즈가 어디 있는지 알아보고요. 실재하지 않는 장소라면 직접 지도를 그려 보아도 좋습니다. 《파리대왕》을 읽는다면 난파된 소년들이 머무는 무인도의 지도를, 《좀머 씨 이야기》를 읽는다면 '나'와 좀머 씨가 살고 있는 호수를 낀 마을의 지도를 그려 보세요. 《곰의 노래》를 읽는다면 프랑스 파리의 가르니에 오페라 극장을 중심으로 두고 도대체 곰 부자가 어디서 왔는지 상상해 보고 그 경로를 그려 볼 수 있습니다.

이야기의 공간적 배경 혹은 작가의 국적을 구글 지도에 남겨 두어도 좋습니다. 구글 지도-내 장소로 들어가면 장소 목록을 만들고 세부 장소를 저장한 뒤 메모를 추가할 수 있습니다. 《백범 일지》를 읽은 뒤 중국 상하이에 '백범 일지'라고 기록해 두는 식이지요. 책을 읽을수록 저장해 둔 위치가 늘어나며 아이의 독서 욕구를 더 자극할 수도 있습니다. 《샬롯의 거미줄》에는 국가에 대한 힌트는 없습니다. 하지만 미국이라고 볼 수 있습니다. 왜 미국이냐고요? 작가 연혁을 보니 작가가 미국에 살았거든요. 시간적 배경과 마찬가지로 공간적 배경도 특별한 설명이 없다면 작가가 살고 있는 나라라고 보면 됩니다.

Step 1. 공간을 나타내는 표현 찾기

그다음 날은 비가 오고 어두컴컴했다. 비는 헛간 지붕에 떨어졌다가 처마 끝으로 줄기차게 흘러내렸고, 헛간 마당에 떨어졌다가 엉겅퀴와 돼지풀이 자라고 있는 오솔길로 구불구불 흘러내려 갔다. 또 주커만 부인의 부엌 창문을 때렸다가 홈통을 타고 끊임없이 쏟아져 나왔다. 비는 목초지에서 풀을 뜯고 있는 양들의 등에도 떨어졌다. 빗속에 서 있는 게 싫증나자 양들은 오솔길을 따라 느릿느릿 우리로 들어갔다.

_《샬롯의 거미줄》 37쪽 중

《샬롯의 거미줄》에서 공간을 나타내는 표현을 찾아보겠습니다. 다음 질문으로 공간에 대해 함께 생각해 보세요.

문해력을 향상시키는 질문
23. 공간, 위치, 장소를 나타내는 표현을 모두 찾아볼까?

대화 11

🙂 : 공간, 위치, 장소를 나타내는 표현을 엄마랑 하나씩 돌아가며
　　 말해 볼까?

🐑 : 네. 헛간 지붕.

🙂 : 처마 끝.

🐑 : 헛간 마당.

🙂 : 엉겅퀴와 돼지풀이 자라고 있는 오솔길.

🐑 : 주커만 부인의 부엌 창문.

🙂 : 홈통.

🐑 : 목초지.

🙂 : 목초지에서 풀을 뜯고 있는 양들의 등.

🐑 : 우리.

Step 2. 중요한 공간 찾기

공간을 나타내는 표현을 골라 보았으니, 다음으로 중요한 공간을 찾
아야 합니다. 모든 공간이 동일하게 중요하지는 않습니다. 오솔길이나

주커만 부인의 부엌 창문이 헛간과 같은 비중을 갖지는 않지요. 다음 질문을 통해 이야기에서 중요한 공간을 찾아보세요.

24. 이야기가 펼쳐지는 배경은 어떻게 변하고 있니?

대화 12

> 🧑 : 이야기에서 중요한 공간이 나오면 표시를 해 두렴.
>
> 👦 : 네.
>
> 🧑 : 이야기가 펼쳐지는 배경은 어떻게 변하고 있니?
>
> 👦 : 맨 처음은 펀의 집이에요.
>
> 🧑 : 다음은 어디로 이동하지?
>
> 👦 : 헛간.
>
> 🧑 : 마지막으로 어디로 이동하지?
>
> 👦 : 농축산물 품평회장.

Step 3. 공간의 의미 생각하기

공간이 인물이나 사건에 어떤 의미가 있는지 그리고 어떤 영향을 미치는지에 대해 생각해 보겠습니다. 다음의 질문으로 아이와 함께 공간이 인물에게 미치는 영향과 의미를 찾아보세요.

문해력을 향상시키는 질문

25. ○○이라는 공간은 인물에게 어떤 영향을 미치니?

26. ○○은 인물에게 어떤 공간일까?

대화 13

🧑‍🦲 : 펀의 집은 윌버에게 어떤 영향을 미쳤을까?

😀 : 음…… 잘 모르겠어요.

🧑‍🦲 : 처음에 펀의 집에서 아빠가 윌버를 잡으려고 도끼를 꺼냈잖아. 만약 아빠가 돼지우리에서 도끼를 꺼냈다면 어떻게 되었을까?

😀 : 펀이 보지 못해서 말리지 못했을 수도 있어요.

🧑‍🦲 : 좋아. 그럼 헛간은 윌버에게 어떤 공간일까?

😀 : 샬롯을 만나고 잘 지내고 편안한 공간.

🧑‍🦲 : 단순히 편하고 좋기만 했을까?

😀 : 아뇨. 겨울이 오면 죽으니까 힘들어요. 하지만 샬롯이 도와줘서 희망을 찾으려고 해요.

🧑‍🦲 : 그렇다면 품평회장은 템플턴에게 어떤 영향을 끼쳤을까?

😀 : 템플턴은 처음에 품평회장에 가지 않으려고 했어요.

🧑‍🦲 : 그런데 왜 가게 됐지?

😀 : 늙은 양이 품평회장에는 흘린 음식들이 많아서 쥐들에게 천국이라고 말했거든요.

4

어휘를 짐작하라

Words don't come easy to me.

단어가 잘 떠오르지 않는군요.

How can I find a way to make you see I love you?

당신을 사랑한다는 것을 어떻게 표현할 수 있을까요?

Words don't come easy to me.

단어가 잘 떠오르지 않으니 말이에요.

 우리나라에도 잘 알려진 올드 팝, F. R. 데이비드의 〈단어들〉Words입니다. 이 노래에서 화자는 자신의 사랑을 표현할 적절한 단어가 떠오르지 않아 노래를 부릅니다. 사람이 생각이나 마음을 표현하는 데는 여러 가지 방법이 있습니다. 말을 할 수도 있고 글을 쓸 수도 있지요. 노래를 부르거나 그림을 그릴 수도 있고 춤을 출 수도 있습니다. 생각과 마음을 표현하는 방법은 여러 가지지만 그중 가장 효과적인 것은 말과 글입니다. 노래·그림·춤으로는 느낌과 감정은 전달할 수 있지만 생각·이성·논리를 전달하는 데는 적합하지 않습니다. 무언가를 정확하게 표현하고 전달하기 위해서는 반드시 언어가 필요합니다. 그리고 언어를 사용하기 위해서는 위 노래 가사에서 말하듯이 단어가 필요하지요. 적절한 단어를 사용할 때 원활한 소통이 일어날 수 있습니다.

어휘가 문해력에서 가장 중요하다고 해도 크게 틀린 말은 아닙니다. 글은 어휘와 어휘의 유기적 연결이기 때문에 어휘를 몰라서는 글을 이해할 수 없기 때문입니다. 물론 글은 어휘와 어휘의 기계적 연결이 아니기 때문에 어휘만 안다고 글을 이해할 수 있는 것은 아닙니다. 여기에 대해서는 뒤에서 자세히 알아보겠습니다. 그런 점에서 어휘가 문해력의 모든 것이 아니라는 점은 분명합니다. 하지만 어휘가 문해력의 중심에 있다는 사실은 부인할 수 없습니다. 글은 어휘라는 재료를 다양하게 변주한 요리라고 할 수 있습니다. 그러니 어휘력이 없으면 문해력은 존재할 수 없지요. 다음 문장을 읽어 볼까요?

그들은 이번 문제에 대한 해결책을 공리적 관점으로 찾아야만 했다.

어떤가요? 이 문장을 이해하셨나요? 이 문장에서 특별히 어려운 단어는 '공리'입니다. 공리의 뜻을 아신다면 이 문장을 이해하셨을 것이고 모르셨다면 이해하지 못하셨을 겁니다. 이처럼 어휘 이해는 문해에 매우 중요한 영향을 미칩니다. 영국 언어학자 윌킨스도 "문법 없이 전달할 수 있는 것은 많지 않지만 단어 없이 전달할 수 있는 것은 전혀 없다"라고 말하기도 했습니다.

어휘를 익힐 수 있는 가장 좋은 방법은 바로 독서입니다. 책을 읽기만 해도 몰랐던 수많은 단어를 새롭게 알게 됩니다. 그냥 읽기만 해도 저절로 많은 단어를 알게 되는 거지요. 배우기 위한 의도적인 노력을 학습이라고 하고, 무의도적이고 무의식적인 배움을 습득이라고 합니다. 우리가 알고 있는 어휘의 대부분은 습득을 통해 얻어집니다. 생활 속에서, 대화 중에, TV 시청 중에, 독서 중에 단어를 습득하게 되지요. 또 공부를 할 때 선생님 말씀 중에서 교과서 문장 속에서 나온 단어들을 습득하게 됩니다. '이 단어를 외워야겠다'고 의도적으로 학습하기도 하지만 그 양은 미미합니다. 생활 속에서든 학습 중에든 단어를 만나고 여러 차례 접하면서 익숙해져서 나의 단어가 되지요. 문해력이라는 단어 역시 어휘장으로 학습하지 않으셨을 겁니다. TV나 인터넷에서 우연히 접한 뒤 '그게 뭐지?' 하다가 어느 순간 '아' 하고 그냥 알게 되었지요. 어휘 습득에 중요한 건 자주 접하는 겁니다. 접하고 접하고 또 접하다 보면 익숙해지고 더 자세히 더 깊게 알게 되거든요.

중요한 건 여러 차례 접해야 한다는 겁니다. 한두 번 접해서는 잘 알기 어렵습니다. 여기서 한 번, 저기서 두 번, 저쪽에서 세 번, 저 너머에서 네 번 이렇게 계속 접해야 합니다. 그러면서 특정 단어를 점점 알아 가게 됩니다. 그래서 독서가 중요합니다. 어휘 습득에서 독서보다 더 중요한 활동은 없습니다. 책 한 권 속에는 수천에서 수십만 개의 단어가 들어 있지요. 책 속으로 들어가면 수많은 중요한 단어들을 수없이 만납니다. 그러면서 아이들은 그 단어들을 시나브로 익히게 됩니다.

여기에 더해 모르는 단어의 뜻을 추론하는 방법을 익히면 금상첨화입니다. 어휘 추론력을 갖추면 모르는 단어를 만났을 때 그냥 지나가거나 굳이 사전을 꺼내 확인할 필요가 없습니다. 잠깐 읽기 속도를 늦추어 단어의 뜻을 추론할 증거를 찾고 생각하면 되지요. 그러면 추론하지 않고 그냥 읽을 때보다 더 많은 단어를 더 쉽게 익힐 수 있습니다. 번거롭게 사전을 찾지 않아도 되어 독서의 속도도 줄지 않고요. 그래서 아이의 어휘력을 높이기 위해 가장 먼저 해야 할 일은 어휘 추론력을 높이는 겁니다.

초등 국어 교육과정에서는 아이들이 다음의 성취 기준을 충족시켜야 한다고 말합니다.

> · 4학년 국어 02-03 글에서 낱말의 의미나 생략된 내용을 짐작한다.

어휘 추론하기

다음은 《마틸다》의 시작 부분입니다. 과도한 기대에 빠져 자기 자식을 있는 그대로 판단하지 못하는 부모들에 대한 풍자로 이야기를 시작합니다. 이 부분에서 어떻게 모르는 단어를 추론할 수 있을까요?

엄마 아빠 들은 못 말리는 사람들이다. 자기 아이가 상상할 수 없을 만큼 지독한 말썽꾸러기라 해도, 부모들은 여전히 자기 아이가 훌륭하다고 생각한다.

더 심한 부모들도 있다. 그 부모들은 자기 아이를 지나치게 숭배하여 눈이 먼 나머지, 자기 아이한테 천재적 자질이 있다고 억지로라도 믿으려고 애쓰는 사람들이다.

뭐, 그렇다고 해서 크게 잘못된 것은 없다. 그게 다 사람들이 사는 모습이니까. 다만, 부모들이 한심한 자기 자식을 놓고 똑똑하다고 자랑을 떠벌리기 시작할 때, 우리는 이렇게 소리치고 만다.

"어이, 여기 양동이 하나 갖다 줘, 토할 것 같아!"

_《마틸다》7쪽 중

어휘 추론은 5단계를 통하면 좋습니다. 지금부터 어휘 추론 5단계에 따라 모르는 단어를 추론하는 방법을 살펴보겠습니다. 우리 아이를 대입해 읽어 본 뒤 실제로 아이와 함께 대화해 보시기 바랍니다.

Step 1. 단어 의식하기

우선 아이의 주의력을 추론하고자 하는 단어로 가져와야 합니다. 아이들은 모르는 단어가 있어도 크게 개의치 않습니다. 그냥 읽어 갈 뿐입니다. 그래서 단어를 모를 때 이를 눈치채고 멈추어 초점을 맞추는 의식적인 연습이 필요합니다.

문해력을 향상시키는 질문

27. 여기서 어려운 단어가 무엇이니?

대화 14

 : 여기서 어려운 단어가 무엇이니?

 : '숭배'라는 단어의 뜻을 잘 모르겠어요.

아이가 모든 단어를 알고 있다면 다음처럼 물어서 아는 단어를 더 탐구해 보아도 좋습니다.

문해력을 향상시키는 질문

28. 어떤 단어에 관심을 가져 보면 좋을까?

대화 15

 : 여기서 어려운 단어가 무엇이니?

 : 음…… 모르는 단어는 없어요.

 : 그럼 어떤 단어에 관심을 가지고 살펴볼까?

 : '숭배'요.

아이가 단어를 선택할 때 손가락으로 짚어도 좋지만 형광펜으로 밑줄을 그으면 더욱 좋습니다. 그런 표시는 아이의 주의를 목표 단어로 더 이끄는 효과가 있거든요.

Step 2. 정보 모으기

아이가 '숭배'라는 단어를 선택했습니다. 이제 '숭배'를 이해하기 위한 본격적인 작업에 착수하겠습니다. 그러기 위해서는 정보를 모아야 합니다. 정보는 우선 아이의 머릿속에서 찾아봅니다. 다음의 질문들을 해 보세요.

문해력을 향상시키는 질문

29. 이 단어를 들어 본 적이 있니?
30. 혹시 비슷한 단어를 들어 본 적은 없니?

대화 16

👦 : 혹시 숭배라는 단어를 들어 본 적이 있니?

👧 : 아니요. 처음 들어 봐요.

👦 : 그럼 혹시 비슷한 단어를 들어 본 적은 없니?

👧 : 음…… 글쎄요. 없는 것 같아요.

혹시 아이가 '숭배'라는 단어와 관련하여 어떠한 정보라도 가지고 있는지 물었습니다. 하지만 전혀 아는 바가 없군요. 이제는 책 속에서 정보를 찾을 차례입니다.

문해력을 향상시키는 질문

31. 전체적으로 어떤 내용이지?

32. 앞에서는 무슨 이야기를 하고 있어?

33. 뒤에서는 무슨 이야기를 하고 있지?

대화 17

🧑 : 그럼 지금부터 책을 살펴보자. 지금 전체적으로 어떤 내용이
   지?

👧 : 부모가 자기 아이들을 훌륭하다고 생각한다는 내용이에요.

🧑 : 그렇지. 그럼 숭배 바로 앞에는 어떤 내용이야?

👧 : 더 심한 부모도 있대요.

Step 3. 정보 활용하여 추론하기

이제 정보를 활용하여 추론할 차례입니다. 먼저 방금까지 모은 정보
를 다시 한번 확인하고 정리하면 좋습니다. 아이들은 금방 한 말도 다
놓치기 때문이지요. 그리고 이를 바탕으로 추론을 합니다.

문해력을 향상시키는 질문

34. 대략 어떤 뜻일 것 같아?

대화 18

🧑 : 좋아. 그러면 부모는 자기 아이들이 훌륭하다고 착각을 하는
   구나. 그렇지?

🐑 : 네.

😊 : 그런데 더 심한 부모들도 있대. 그 부모들은 자기 아이를 숭배한다고 했고.

🐑 : 맞아요.

😊 : 그럼 이걸로 추측해 보자. 숭배는 대략 어떤 뜻인 것 같아?

🐑 : 훌륭하다고 생각하는 것보다 더 심한 것 같아요.

어느 정도 추론이 되었다면 대체할 만한 단어를 찾습니다. 대체 단어를 넣어서 느낌을 보면 추론이 적당했는지 여부를 좀 더 정확히 파악할 수 있습니다.

문해력을 향상시키는 질문

35. 대신 사용할 수 있는 비슷한 단어나 표현이 있을까?

대화 19

😊 : 숭배 대신 사용할 수 있는 비슷한 단어나 표현이 있을까?

🐑 : 음……

😊 : 그 부모들은 자기 아이를 지나치게……

🐑 : 음…… 좋게 생각해서?

Step 4. 추론 평가하기

추론의 결과를 평가할 차례입니다. 아이가 추론한 단어의 뜻이 적절한지 생각해 보는 것이지요. 추론 끝에 찾아낸 대체 단어를 원래 단어 대신 넣고 소리 내어 읽어 봅니다. 그리고 원래 단어를 대체할 수 있는지 살펴봅니다. 앞뒤 흐름과 비교하여 어색함이나 변화가 없어야 합니다.

문해력을 향상시키는 질문

36. 새로 바꾼 표현이 말이 되는 것 같니?

대화 20

 : '그 부모들은 자기 아이를 지나치게 좋게 생각해서' 어때? 새
로 바꾼 표현이 말이 되는 것 같니?

: 네. 괜찮은 것 같아요.

대체한 단어가 늘 마음에 들지는 않겠지요? 적합해 보이지 않는다면 왜 다르게 느껴지는지 생각해 보세요.

문해력을 향상시키는 질문

37. 어떤 점에서 다른 것 같아?

대화 21

: 또 다른 단어를 넣어 볼 수 있을까? 그 부모들은 자기 아이를

지나치게……

😊 : 음…… 오해해서?

😀 : 그 부모들은 자기 아이를 지나치게 오해해서. 어때? 말이 되
는 것 같니?

😊 : 음. 나쁘지는 않은데 좀 아닌 것 같기도 해요.

😀 : 어떤 점에서 조금 다른 것 같아?

😊 : 다르게 생각한다는 건 비슷한데 오해는 좀 나쁘게 생각하는
것 같아요.

😀 : 좋아. 하나 더 해 볼까? 그 부모들은 자기 아이를 지나치
게……

😊 : 떠받들어?

😀 : 그 부모들은 자기 아이를 지나치게 떠받들어. 어때? 말이 되
는 것 같니?

😊 : 네, 좋은 것 같아요.

여러 개의 대체 단어를 찾아보았다면 그중에서 원래 뜻에 가장 가까
운 것을 골라보세요.

문해력을 향상시키는 질문
38. 무엇이 원래 뜻과 더 비슷한 것 같니?

대화 22

👦 : 그러면 숭배를 '좋게 생각하다' '오해하다' '떠받들다' 등 세
개로 생각해 봤어. 그렇지?

👧 : 맞아요.

👦 : '오해하다'는 좀 다른 뜻인 것 같았고. 그러면 '좋게 생각하
다'와 '떠받들다' 두 개가 남았네.

👧 : 그렇죠.

👦 : 그러면 이 둘 중에 무엇이 숭배에 더 가깝게 느껴지니?

👧 : 음. '떠받들다' 같아요.

👦 : 왜 그렇지?

👧 : 숭배할 때 '배'가 왠지 세배의 배와 같을 것 같아요. 엎드려
절하는 것 같은? 그래서 떠받드는 것 같아요.

이 과정에서 필요하다면 사전을 찾아볼 수 있습니다. 사전을 찾아보
는 데는 장단점이 있습니다. 정확하게 알 수 있다는 점은 장점이고 시
간이 걸려 읽기의 흐름이 끊어진다는 것이 단점입니다. 평소에는 추론
만 하고 넘어가도 좋습니다. 정확한 뜻이 궁금할 때, 확실히 알고 싶을
때 가끔 찾아보도록 합시다.

문해력을 향상시키는 질문

39. 사전에서 단어의 뜻을 찾아볼까?
40. 추론한 뜻과 사전의 뜻이 어떤 점에서 차이가 있는 것 같아?

대화 23

🧑 : 와. 정말 좋은 추론이구나. 그럼 우리 사전에서 숭배를 한 번 찾아볼까?

🧒 : 네 좋아요.

🧑 : 숭배는 우러러 공경한다는 뜻이구나.

🧒 : 제가 추측한 뜻과 비슷한 것 같아요.

🧑 : '떠받들다'와 '우러러 공경한다'에는 어떤 차이가 있는 것 같아?

🧒 : '우러러 공경한다'가 좀 더 공손해 보이는 것 같아요.

🧑 : 그럼 '떠받들다'는?

🧒 : 좀 오버하는 느낌?

Step 5. 추론 과정 돌아보기

마지막은 추론 과정 돌아보기입니다. 어떤 방법으로 추론했고 결과가 어땠는지 그 과정을 하나씩 살펴보는 것입니다. 추론 과정을 돌아보는 이유는 아이가 독서 중에 혼자서도 어휘 추론을 할 수 있도록 추론 과정을 기억에 남겨 두기 위해서입니다. 이 단계는 어휘 추론을 배우는 초기에만 몇 차례 반복하면 됩니다. 아이가 그 과정을 충분히 이해하고 기억한다면 더 이상 하지 않아도 됩니다. 이후에는 추론 과정 돌아보기를 제외한 앞의 네 단계만 반복하면서 어휘력을 확장시켜 나가면 됩니다.

문해력을 향상시키는 질문

41. 우리는 이 어휘의 뜻을 어떻게 알아냈지?

대화 24

🧑 : 우리는 숭배라는 단어의 뜻을 어떻게 알아냈지?

👧 : 먼저 잘 모르는 단어가 무엇인지 찾았어요.

🧑 : 그다음에는 뭘 했지?

👧 : 그 단어를 들어 본 적이 있는지 생각했어요.

🧑 : 비슷한 단어를 아는지도 찾아봤고.

👧 : 전체적으로 어떤 내용인지 생각했어요.

🧑 : 그리고?

👧 : 바로 앞의 내용도 살펴봤고요.

🧑 : 그다음엔?

👧 : 음…… 대신 넣을 수 있는 다른 단어들을 넣어 봤어요.

🧑 : 그렇지. 그러고 나서는?

👧 : 넣은 단어가 적절해 보이는지 살펴봤고요.

🧑 : 그리고 여러 단어를 서로 비교해서 하나를 선택했어.

책을 읽으면서 단어에 집중해 주세요. 아이들은 단어에 집중하지 않습니다. 의식적으로 단어에 집중하는 것을 여러 차례 보여 주고 시범을 보이세요. 그러면 아이는 필요할 때 단어에 집중할 수 있게 됩니다. 의식적으로 단어에 집중하는 태도를 갖게 되면 단어 실력은 하루가 다르게 늘어나게 됩니다. 모든 단어에 집중할 수는 없습니다. 그럴 필요도 없고요. 많은 양을 할 필요도 없고, 하루에 한 개만 해도 좋습니다. 물론 단어를 집중적으로 다루는 날을 가끔 가져도 좋습니다. 그날은 한 페이지에서 하나씩 골라 계속해서 단어에 대해 생각해 보는 겁니다. 이렇게 아이와 그날의 가정 상황에 맞게 유연하게 운영하면 됩니다. 서두르지 않아도 됩니다. 시간은 우리 편이니까요. 적은 양이라도 꾸준히 하면 어느새 아이의 어휘망은 매우 확장돼 있을 겁니다.

5

표현을 이해하라

> 그녀에게 종교는 양산 겸용 우산 같은 것이다. 날씨가 좋을 때는 지팡이로 쓰고, 해가 나면 양산으로, 비가 오면 우산으로 쓰는 것이다. 외출하지 않을 때는 거실 옆 대기실에 그냥 두면 된다.

《여자의 일생》으로 잘 알려진 기 드 모파상의 《벨아미》 중 한 장면입니다. 이 글 속 '그녀'는 왈테르 부인입니다. 왈테르 부인에게 종교는 양산 겸용 우산과 같습니다. 지팡이로도, 양산으로도, 때로는 우산으로도 사용된다고 하는군요. 이는 무슨 뜻일까요? 왈테르 부인은 종교를 종교 본연의 목적 이외에 다양한 목적으로 이용하고 있다는 뜻이 아닐까요? 실제로 그런지 살펴보겠습니다. 왈테르 부인은 교회를 다님으로써 유대인과의 결혼에 대한 위로를 얻고 늘 바른 소리를 하고 있다는 느낌을 받습니다. 기품 있는 분위기를 낼 때도 쓰고 다가오는 남자들을 밀어낼 때도 적절한 변명으로 활용합니다. 이런 점에서 "그녀에게 종교는 양산 겸용 우산 같은 것이다"라는 표현은 이런 상황을 매우 직관적으로 이해하게 합니다.

글은 어휘와 어휘의 조합으로 이루어지지만 어휘가 곧 글은 아닙니다. 어떤 어휘를 사용했는지뿐만 아니라 어휘를 어떻게 배열해서 사용했는지도 중요하지요. 수학에서는 1+2도 3이고 2+1도 3이지만 글에서는 아닙니다. '아빠의 엄마'와 '엄마의 아빠'는 다르잖아요? 똑같이 '아빠' '의' '엄마'를 사용했지만 전혀 다른 의미가 되었습니다. 글을 구성하는 것은 어휘, 그리고 어휘 간의 관계로 이루어진 표현입니다. 그래서 글을 깊게 이해하기 위해서는 어휘뿐만 아니라 표현을 제대로 이해해야 합니다. 왈테르 부인에게 종교가 양산 겸용 우산이라는 표현을 다시 살펴볼까요? 이 표현은 비유를 사용하였습니다. 비유적 표현은 설명하고자 하는 하나의 대상을 다른 대상에 빗대어 표현하는 것입니다. 작가는 왈테르 부인에게 있어 종교의 의미를 설명하기 위해 양산 겸용 우산을 가져왔습니다. 이 둘을 비유할 수 있는 이유는 둘 사이에 공통점이 있기 때문입니다. 바로 필요에 따라서 용도가 바뀐다는 특징이지요.

비유적 표현

비유는 가장 자주 사용되는 표현 방법 중 하나입니다. 여러 가지 효과가 있기 때문인데요. 우선 재미있습니다. '그녀에게 종교는 양산 겸용 우산 같은 것이다'와 '그녀는 종교를 때에 따라 다양하게 활용했다'를 비교해 보세요. 전자가 훨씬 재미있고 위트 있게 다가오지요. '작가는 어떻게 저런 생각을 했을까?' 하며 그 기발함에 무릎을 치게 됩니다. 또 비유는 이해를 돕습니다. 읽는 이의 배경지식을 십분 활용하기 때문이지요. 그래서 어렵거나 새로운 개념을 설명할 때는 비유가 효과적입니다. 이미 알고 있는 것을 통해 새로운 개념의 특징을 바로 알아차릴 수 있거든요. 비유는 언어를 이미지로 바꿔 줍니다. '종교가 다양하게 활용된다'는 말은 머릿속에서 그림이 그려지지 않습니다. 반면 '종교가 양산 겸용 우산처럼 활용된다'는 말은 금세 이미지를 떠올리게 합니다. 비유는 읽는 이의 공감을 쉽게 이끌어 내기도 합니다. 내가 이미 알고 있고 수긍하는 것과 공통점을 알게 되면 새로운 사실도 자연스레 인정하고 수긍하게 되지요.

이런 이유로 비유를 잘 이해하고 활용할 수 있으면 무척 유리합니다. 재미있고 이해가 쉬우며 어려운 언어를 이미지로 바꿔 주면서 상대의 공감을 쉽게 얻어 낼 수 있으니 당연히 그렇지 않겠습니까? 문학을 많이 읽는 것만으로도 성적이 오르는 한 가지 이유는 비유적 표현에 익숙해지기 때문입니다. 초등 국어 교육과정에서도 비유적 표현에 대해 다음의 기준을 요구합니다.

· 6학년 국어 05-03 비유적 표현의 특성과 효과를 살려 생각과 느낌을 다양하게 표현한다.

다음은 《찰리와 초콜릿 공장》의 일부입니다. 이 장면을 이용하여 아이와 함께 비유적 표현을 이해해 보세요.

> 마이크는 얼른 엄지손가락으로 버튼을 눌렀다. 그 순간 윙하는 굉장한 소리와 함께 엘리베이터 문이 철커덩 닫히더니 엘리베이터가 말벌에 쏘인 사람처럼 격렬하게 움직이기 시작했다. 놀랍게도 엘리베이터는 옆으로 움직였다. 엘리베이터가 갑자기 움직이는 바람에 천장에 달린 손잡이를 잡고 있던 윙카 씨만 빼고 모두 중심을 잃고 바닥으로 휙 나자빠졌다.
>
> _《찰리와 초콜릿 공장》 199쪽 중

Step 1. 비유적 표현 찾기

가장 먼저 글에서 비유적 표현을 찾아야 합니다. 그런데 비유적 표현이라는 말이 아이들에게는 쉽지 않습니다. '빗대어 표현한다'는 비유적 표현의 정의도 그렇게 와닿지 않고요. 비유적 표현이 무엇인지 쉽게 이해할 수 있는 예를 들어 설명해 주세요. 그 뒤에 책에서 비유적 표현을 찾아보세요.

문해력을 향상시키는 질문
42. 비유적 표현을 찾아볼래?

　　: 여기서 비유적 표현을 찾아볼래?

　　: 비유적 표현이 뭐예요?

　　: 비유적 표현은 하나의 대상을 다른 대상에 빗대어 표현하는 거야.

　　: 빗대어 표현한다는 게 뭔데요?

　　: 예를 들어 '꽁꽁 얼어 얼음처럼 차가워진 손등'이라고 한다면 손등을 얼음에 빗대어 표현한 거야.

　　: 아!

　　: 왜 손등을 얼음에 빗대어 표현했을까?

　　: 차가워서요.

　　: 그럼 이 글에서 비유적 표현은 무엇일까?

　　: 음…… 엘리베이터가 말벌에 쏘인 사람처럼 격렬하게 움직이기 시작했다?

Step 2. 비유적 표현 이해하기

비유적 표현을 찾았으면 이제는 이해할 차례입니다. 기본적으로 무엇을 무엇에 비유하고 있는지 찾아야 합니다. 아이들이 이 부분을 잘 헷갈려 하는데요. '무엇을'은 문장의 주인이자 의미의 주인입니다. 해당 문장이 실제로 말하고자 하는 것이 무엇인지 생각해야 합니다. '엘리베이터가 말벌에 쏘인 사람처럼 격렬하게 움직이기 시작했다'에서 '실제로 격렬하게 움직이기 시작한 것'을 찾아야 합니다. 무엇인가요? 바로 엘리베이터입니다.

문해력을 향상시키는 질문

43. 무엇을 비유하고 있지?
44. 원래 설명하고 싶은 것은 무엇이지?

대화 26

😊 : 그러면 그 문장은 무엇을 비유하고 있어?

😊 : 말벌?

😊 : 아니야. 그 문장이 원래 설명하고 싶은 것이 무엇인지 생각해 봐.

😊 : 엘리베이터?

😊 : 맞아. 엘리베이터를 설명하려고 비유한 거야.

이번에는 설명하려는 대상을 '무엇에' 비유했는지 찾아야 합니다. 이것은 원래 설명하려는 대상을 잘 설명하기 위해 가져온 개념입니다.

문해력을 향상시키는 질문

45. 그것을 무엇에 비유하고 있지?

대화 27

: 엘리베이터를 무엇에 비유하고 있지?

: 말벌?

: 말벌이 아니라……

: 말벌에 쏘인 사람.

: 맞았어. 그럼 정리해 보자. 이 문장은 무엇을 무엇에 비유한 거지?

: 엘리베이터를 말벌에 쏘인 사람에 비유했어요.

Step 3. 비유적 표현 분석하기

무엇을 무엇에 비유했는지 찾았습니다. 이제는 그렇게 비유한 이유를 찾아야 합니다. 비유한 까닭은 둘 사이의 공통점에 있습니다. 보통은 문장 안에 이유가 서술되어 있는 경우가 많습니다. '호수같이 푸른 눈'에서 눈을 호수에 비유한 이유는 푸르기 때문이지요. 하지만 '그녀의 눈은 호수 같았다. 너무나 깊고 푸르렀다'처럼 문장 바로 뒤에 이유가 서술되는 경우도 있고, 때로는 '그녀의 눈은 호수 같았다'로 끝나 이유가 생략되기도 합니다. 독자에게 상상을 맡기는 겁니다.

문해력을 향상시키는 질문

46. ○○을 ○○에 비유한 까닭은 무엇이지?

47. 두 대상 사이에 공통점은 무엇이지?

대화 28

🧑 : 그럼 엘리베이터를 말벌에 쏘인 사람에 비유한 까닭은 무엇이지?

👦 : 음……

🧑 : 두 대상 사이에 공통점은 뭐야?

👦 : 격렬하게 움직이는 거요.

두 대상 사이에 공통점을 찾은 뒤에는 비유의 한계선도 생각해 보아야 합니다. 비유는 둘 사이에 어떤 공통점이 있다는 것을 말할 뿐 두 대상의 모든 면이 똑같다는 것을 의미하지 않습니다. 엘리베이터와 말벌에 쏘인 사람에서 비유의 한계선은 '움직임'까지입니다. 둘 사이에 모양, 크기, 성격 등에서 공통점이 있다는 말이 아닙니다. 매우 당연한 것 같지만 사람들은 이를 쉽게 혼동합니다. 한 가지 특징을 비유했을 뿐인데 모든 것이 다 같다고 생각하는 거죠. 아이들뿐 아니라 어른들마저 이런 비유의 한계를 곧잘 착각합니다. 특징 하나가 같아서 비유적 표현을 사용했음에도 '이런 점은 다른데'라고 반박하는 겁니다. 비유적 표현은 복잡한 것을 단순하게 보여 주기 위한 도구입니다. 사족처럼 설명을 해 주지 않지요. 읽는 이가 스스로 생각하고 판단해야 합니다. 그러니 꼭 비유의 한계를 아이와 함께 찾아보셔야 합니다.

문해력을 향상시키는 질문

48. 비유의 한계는 어디까지일까?

대화 29

🙂 : 맞아. 그러면 이 비유의 한계선은 어디까지일까?

🙂 : 그게 무슨 말이에요?

🙂 : 엘리베이터를 말벌에 쏘인 사람에 비유한 이유는 움직임 때문 이지?

🙂 : 네.

🙂 : 움직임 말고 다른 공통점도 있을까? 크기, 성격, 행동, 마음, 맛 같은 다른 요소들 말이야.

🙂 : 아니요. 없어요. 움직임만 같아요.

🙂 : 그게 바로 이번 비유의 한계선이야. 움직임만 같고 나머지는 모두 다르다는 것.

Step 4. 다른 대상으로 비유하기

스스로 비유적 표현을 만들어 보면 비유적 표현을 더 잘 이해할 수 있습니다. 위 비유에서 표현하고자 한 것은 격렬한 움직임입니다. 바로 이렇게 격렬한 움직임을 보이는 새로운 대상을 찾아보세요. 이때 아이들은 유사하지만 어딘가 조금 어색한 오답을 말하기 쉽습니다. 예를 들어 번개, 음파, 화살인데요. 이들은 빠르기만 할 뿐 격렬한 움직임을 보인다고 하기는 어렵죠. 이렇게 작은 차이를 발견하면 좋습니다. 작은 차이를 발견할 수 있으면 더 세심하게 생각하고 정확한 비유를 할 수 있게 되거든요.

문해력을 향상시키는 질문
49. 다른 대상으로 비유할 수 있을까?

대화 30

😀 : 그럼 이번에는 격렬하게 움직이는 엘리베이터를 다른 대상으로 비유해 볼까?

😊 : 네.

😀 : 격렬하게 움직이는 무언가를 생각해 볼래?

😊 : 번개?

😀 : 음…… 번개는 빠르기는 한데 격렬하지는 않잖아.

😊 : 뭐가 달라요?

😀 : 번개는 직선적으로 움직이잖아. 말벌에 쏘인 사람처럼 이리저리 왔다 갔다 격렬하게 움직이는 걸 찾아야 할 것 같아.

😊 : 치타를 피해 도망가는 가젤?

😀 : 음. 좋다. 그러면 하나씩 더 말해 보자.

😊 : 사자에게 뒷목을 물린 들소처럼.

😀 : 옷 안에 지네가 들어간 사람처럼.

😊 : 이번에는 문장으로 해 볼까?

😀 : 엘리베이터가 치타를 피해 도망가는 가젤처럼 격렬하게 움직이기 시작했다.

감각적 표현

비유적 표현만큼 자주 사용되는 것이 바로 감각적 표현입니다. 감각적 표현이란 우리 몸의 오감을 이용하도록 돕는 표현입니다. 감각적 표현은 하얀 종이 위에 누워 있는 검은 글씨들을 몸으로 느낄 수 있게 도와줍니다.

초등 국어 교육과정에서도 다음처럼 감각적 표현을 강조합니다.

> · 4학년 국어 05-01   시각이나 청각 등 감각적 표현에 주목하며 작품을 감상한다.

교육과정에서는 시각과 청각을 예로 들고 있지만 당연히 이게 다가 아닙니다. 후각·미각·촉각을 포함한 오감 모두 해당합니다. 어떤 감각이든 자극하고 연상시킨다면 모두 감각적 표현이라고 할 수 있습니다.

> 찰리는 매번 멋진 생일 아침에 받은 초콜릿을 작은 나무 상자에 조심조심 모셔 두고는 순금 금괴 다루듯 애지중지했다. 처음 며칠은 그저 눈으로만 맛을 보고 절대 손도 대지 않았다. 그러다가 도저히 참을 수 없어지면 초콜릿이 보일락 말락 조금만 보일 정도로 포장지의 한쪽 귀퉁이를 벗겨 내서는 아주 조그맣게 한 입만 살짝 베어 먹었다. 달콤한 맛이 혀끝에서 감돌다가 은은하게 퍼져 나갈 정도로만. 다음 날도 한 입만 살짝. 그다음 날도. 그다음 날도. 그렇게

조금씩…… 찰리는 6페니짜리 초콜릿 선물을 한 달에 걸쳐 아껴 먹었다.

_《찰리와 초콜릿 공장》 13쪽 중

어떤 감각이 자극되었나요? 바로 미각입니다. 양배추 수프를 온 가족이 서로 양보하며 나누어 먹어야 하는 가난한 가정의 아이가 1년에 딱한 번 먹을 수 있는 초콜릿. 그것을 한 입 베어 먹는 느낌은 어떨까요? 매우 배가 고플 때 무척 단 음식을 먹어 보았나요? 맛있다는 느낌을 넘어 침샘이 극도로 자극되어 침이 쏟아져 나오는 바람에 볼 안쪽이 얼얼해져 본 적 없으신가요? 제게는 단맛과 관련하여 잊을 수 없는 기억이 있습니다. 십여 년 전 쯤 캐나다에서 여러 사람들과 함께 케이크를 먹었던 적이 있어요. 그때 저는 케이크가 너무 달아 순간 두통을 느꼈습니다. 저뿐 아니라 함께 먹던 한국인들은 같은 경험을 했다더군요. 가벼운 혈당 쇼크였을까요? 재미있게도 캐나다인들은 모두 괜찮더군요. 이 경험이 찰리가 느낀 단맛을 이해하는 데 도움이 됐습니다.

아이와 함께 찰리가 되어 단맛의 충격을 체험해 보세요. 체험은 감각적 표현을 몸 안에 새기게 해 줄 거예요. 가능하다면 한 끼를 굶은 뒤, 다음 끼니 직전에 초콜릿을 한 입 먹어 보세요. 평소보다 배가 고프니 우리 미각은 황홀감을 느끼게 될 거예요. 영양 과잉 시대라 한 끼쯤 굶어도 아무 문제없으니까 너무 걱정 마시고요. 한 끼를 굶는 것이 마음에 걸린다면 최대한 배가 고픈 시간, 즉 식사 직전에 해 보세요. 준비물은 초콜릿 하나면 충분합니다. 우선 초콜릿 껍질을 조심스럽게 까세요.

1년에 딱 한 번 먹을 수 있는 초콜릿을 상상하며 성물처럼 다루는 겁니다. 더 먹음직스럽게 보이도록 예쁜 그릇에 올리면 더욱 좋습니다. 냄새를 맡아 보세요. 코앞으로 가져와 더욱 먹고 싶게 자극하는 겁니다. 자극만 하고 먹지 마세요. 잠시 동안 눈앞에 가만히 둬 보세요. 한참을 가만히 기다려 보세요. TV를 보거나 다른 일을 하지 않고 그냥 초콜릿만 바라보며 상상하는 겁니다. 얼마나 달콤하고 맛있을지 얼마나 부드럽고 촉촉할지 말이에요. 초콜릿 액이 입 안에서 부드럽게 녹아 혀를 감싸 안을 때 느낌을 떠올리세요. 걸쭉하게 녹은 초콜릿 액이 목구멍을 통과해 넘어갈 때 그 느낌도 상상해 보세요. 찰리가 느꼈던 달콤한 맛이 혀끝에서 감돌다가 은은하게 퍼져 나가는 바로 그 감각을 느껴 보는 겁니다.

책을 읽다가 감각적 표현이 나온다면 이렇게 현실적으로 체험해 보세요. 책 안의 표현을 현실로 가져와 본 아이는 글을 종이 위에 남겨 두지 않게 됩니다. 자신의 몸 안으로 가져와 생생하게 살려 내게 되지요. 그러면 이야기는 현실이 될 겁니다.

6

마음껏 상상하라

상상력이 중요하다는 말, 참 많이 들어 보셨을 겁니다. 아이들을 위한 상품에는 상상력에 대한 언급이 빠지지 않습니다. 집에서 간단히 가지고 놀 수 있는 장난감과 교구서부터 체험 학습 프로그램까지 모두 자신들의 상품이 아이의 상상력을 기르는 데 도움이 된다고 합니다. 그렇다면 상상력은 무엇이고 왜 중요한 걸까요?

말레이시아 펄리스대학교의 머리 헌터 교수는 상상력이란 우리의 감각을 통해 인식되지 않는 어떤 것에 대한 정신적 이미지 혹은 이야기를 형성하는 능력이라고 말합니다. 쉽게 말하자면 상상력은 경험하지 못한 무언가에 대해 생각하는 힘이라는 겁니다. 마법사, 용, 유니콘처럼 이 세상에 실재하지 않는 무언가에 대한 생각이 상상력입니다. 호랑이와의 우정, 100일간의 우주선 여행처럼 실제로 경험해 보지 않은 일을 떠올리자면 상상력이 필요하지요.

상상력은 단지 재미를 위해 필요한 것 같지만 그렇지 않습니다. 건강한 상상력은 우리의 정신 작용에 중요한 이점을 제공하여 우리 삶을 더 풍요롭게 만듭니다. 그래서 머리 헌터 교수는 지식보다 상상력이 중요하다고 말합니다. 그는 상상력이 경험과 생각을 확장시킨다고 말합니다. 한 인간이 평생 할 수 있는 경험과 생각은 매우 제한적입니다. 지구에 사는 70억 명 전체의 경험과 나의 경험을 비교해 보세요. 월스트리트에서 수조 원에 달하는 돈을 운용하는 펀드매니저의 삶도, 남태평양 외딴섬에서 낚시로 자급자족하며 살아가는 원주민의 삶도 우리는 경험해 보지 못했습니다. 1만 년 전 돌을 갈아 도구를 만들고 움집을 지어 살던 신석기인의 삶도, 몇 백 년 뒤 황폐화된 지구를 떠나 다른 은하계의 어떤 행성에서 자리 잡고 살아가게 될 미래인의 삶도 알지 못하고요. 우리가 실제로 본 적도 없고 경험해 본 적도 없는 이런 일들에 대해 생각할 수 있는 것은 모두 상상력 덕분입니다.

상상력은 다른 관점에서 사물을 바라볼 수 있게 해 공감 능력도 키워줍니다. 인간의 경험은 하나의 육신에 한정되어 있습니다. 월스트리트, 남태평양까지 갈 것도 없습니다. 우리는 우리 가족의 경험도 경험할 수 없습니다. 배우자가 상사에게 비인간적인 대우를 당했다고 해도 아이가 체육 시간에 좌절감을 맛보았다고 말해도 우리는 그것을 경험할 수 없지요. 단지 그런 일이 있었다는 이야기를 들을 수 있을 뿐입니다. 우리가 다른 사람의 감정에 공감할 수 있는 것은 모두 상상력 덕분입니다. 내가 예전에 누군가에게 당했던 비인간적인 대우, 내가 언젠가 맛

보았던 좌절감을 떠올리면서 그들에 공감하는 겁니다.

상상력은 우리가 지식과 기억을 관리하는 데에도 도움을 줍니다. 개별적인 정보가 너무 많거나 분산되어 있어 다루기 힘들 때 상상력은 그것들을 끈으로 묶어 하나로 만들어 줍니다. 탐정이 수많은 증거들을 상상력으로 묶어 하나의 일관된 흐름으로 만들어 내고 결국에는 답을 찾아내는 것이 대표적인 예입니다. 그래서 인사이트insight, 즉 통찰력 역시 상상력으로 완성됩니다. 통찰력은 한 분야에 대한 깊은 지식과 폭넓은 경험을 통해 겉으로는 보이지 않는 일관성을 이해하는 일입니다. 한 분야에서 아무리 많은 공부를 하고 아무리 많은 경험이 있어도 상상력이 없으면 통찰력이 생기지 않습니다. 상상력이 지식과 경험을 묶어 통찰력으로 바꿔 주는 촉매제 역할을 합니다.

세상에는 정보가 많지만 항상 정보에는 빈 부분이 있습니다. 가부터 하까지 A부터 Z까지 단 하나도 빠짐없이 모든 정보가 주어지는 경우는 없습니다. 이 부족한 부분을 합리적인 추론을 통해 잘 채울수록 유능하다고 말할 수 있고, 그러자면 상상력이 필요합니다.

독서는 상상력을 키우는 데 매우 효과적인 수단입니다. 책은 가 본 적 없는 공간에 가게 해 주고 만나지 못한 사람을 만나게 하며 해 보지 못한 일들을 경험하게 합니다. 이야기는 현실에서 불가능한 그 어떤 일이라도 모두 가능하게 해 줍니다. 책 안에는 한계도 위험도 책임도 없습니다. 그 안에서 아이들은 마음껏 사고 실험을 하며 상상력을 키워 갈 수 있습니다. 책은 TV나 유튜브보다 훨씬 상상력 발달에 긍정적인 영향을 끼칩니다. 영상 매체는 시각적 정보를 제공하기 때문에 그걸 보는 이의 상상을 제한합니다. 상상을 하는 대신 시각적 정보를 소비하게 만들죠. 반면 책은 시각적 정보가 없어 아이로 하여금 스스로 상상하게 만듭니다. 이것이 상상력이 커지는 이유이며 동시에 책을 읽어야 하는 중요한 이유입니다. 경험과 생각의 확장, 공감 능력의 발달, 지식과 기억의 관리, 통찰력 발달까지 아이가 기초적으로 성장하고 어엿한 전문가로 발전하기까지 상상력이 영향을 미치는 셈입니다.

초등 국어 교육과정에서는 다음처럼 상상력을 강조하고 있습니다.

> · 4학년 국어 05-03 이야기의 흐름을 파악하여 이어질 내용을 상상하고 표현한다.

이어질 이야기 상상하기

모든 이야기가 상상력 발달에 도움이 되지만 《찰리와 초콜릿 공장》처럼 상상력을 기반으로 한 이야기는 더욱 그렇습니다. 세상에 존재하지 않는 윙카 씨의 초콜릿 공장은 아이들로 하여금 무한한 상상을 가능하게 하죠. 그중 정말 재미있는 부분 하나를 소개하겠습니다. 이 이야기를 통해 상상을 해 보세요.

정말 놀라운 광경이었다. 백 마리나 되는 다람쥐들이 커다란 탁자를 빙 둘러서 놓은 등받이 없는 높은 의자에 앉아 있었다. 탁자에는 엄청나게 많은 호두가 산더미처럼 쌓여 있었고, 다람쥐들은 빙빙 돌 정도로 빠르게 호두 껍데기를 까고 있었다. (…) "호두 알맹이를 꺼내는 모습이 신통하지 않니? 껍데기를 까기 전에 상한 것인지 아닌지 먼저 알아보려고 앞발로 호두를 하나하나 톡톡 두들기는 걸 보렴. 상한 호두는 속이 텅 빈 소리가 나거든. 그러면 껍데기를 깔 생각도 않고 그대로 쓰레기 배출구로 던져 버리지."

_《찰리와 초콜릿 공장》 180~181쪽 중

웡카 씨의 초콜릿 공장에는 호두를 까는 다람쥐가 있습니다. 그들은 호두가 비었는지 알아보기 위해 우선 앞발로 두들겨 봅니다. 텅 빈 소리가 나면 호두가 상했다는 뜻이기 때문에 까지 않고 바로 쓰레기통에 버립니다. 그런데 모든 걸 가져야 직성이 풀리는 버루카 양이 다람쥐를 가져야겠다고 떼를 씁니다.

버루카가 갑자기 큰 소리로 외쳤다.
"엄마! 마음을 정했어요. 다람쥐를 가질래요! 저 다람쥐 한 마리만 잡아 주세요!" (…)
솔트 씨는 돈이 가득 든 지갑을 꺼내면서 도도한 태도로 제의했다.
"좋습니다. 웡카 씨. 다람쥐 한 마리에 얼마면 되겠습니까? 부르시는 대로 드리지요."
웡카 씨가 대답했다.
"다람쥐는 파는 물건이 아닙니다. 따님은 제 다람쥐를 가질 수 없어요."

버루카는 신경질적으로 소리쳤다.

"아저씨가 뭔데 안 된다는 거예요? 그럼 내가 지금 한 마리 잡아 오겠어요!"

"안 돼!"

웡카 씨는 황급히 소리를 치며 말리려고 했지만 이미 엎질러진 물이었다. 버루카는 벌써 문을 쾅 열어젖히고 호두까기 방 안으로 뛰어 들어가 버렸다.

_《찰리와 초콜릿 공장》182~183쪽 중

그의 아버지는 딸이 원하자 웡카 씨에게 다람쥐를 사겠다고 제안합니다. 하지만 웡카 씨는 다람쥐는 파는 물건이 아니라며 거절합니다. 그러자 버루카는 막무가내로 호두 까는 방으로 들어갑니다. 자. 이제 무슨 일이 벌어질까요? 다음 질문으로 아이와 함께 뒷이야기를 상상해 보세요.

문해력을 향상시키는 질문

50. 이제 무슨 일이 벌어질 것 같아?
51. 또 다른 가능성은 무엇이 있을까?

대화 31

: 이제 무슨 일이 벌어질 것 같아?

상상을 할 때는 앞의 상황을 고려하는 것이 중요합니다. 뜬금없이 갑자기 어떤 사건이 벌어지지는 않거든요. 이야기는 대개 앞과 뒤가 긴밀히 연결되어 있어요. 이와 관련하여 러시아 소설가 안톤 체호프는 이렇게 말했습니다. "이야기 속에 권총이 나왔다면 그건 반드시 발사되어야만 한다." 그의 말처럼 이야기에 아무런 의미 없이 나오는 것은 단 하나도 없습니다. 이야기에서는 별 뜻 없어 보이는 그 무언가도 모두 의미를 가진다는 뜻입니다. 별 뜻이 없는 무언가는 이야기에서 빠지게 됩니다. 그러니 이야기를 읽을 때는 이야기 속 장치들에 주목해야 합니다. 다람쥐가 호두를 까는 방, 그것도 까기 전에 호두를 두드리는 행동에는 반드시 의미가 있습니다. 다른 어떤 방에서라도 일어날 수 있는 일이 일어날 거라면 이런 묘사는 하지 않았을 겁니다. 그래서 다음과 같은 질문들을 해야 합니다.

문해력을 향상시키는 질문

52. 앞에서 무슨 일이 있었지?

53. 이야기는 어떻게 흘러가고 있지?

54. 왜 그렇게 생각해?

대화 32

👦 : 이야기의 다음을 예측할 때는 이야기의 흐름을 잘 생각해야 해. 앞에서 무슨 일이 있었지?

👧 : 음……

👦 : 아우구스투스는?

👧 : 아우구스투스는 초콜릿을 먹다가 강에 빠졌어요.

👦 : 바이올렛은?

👧 : 바이올렛은 식사 대용 껌을 씹다가 블루베리처럼 되었어요.

👦 : 좋아. 이야기는 어떻게 흘러가고 있어?

👧 : 나쁜 습관이 있는 아이들이 뭔가 벌을 받고 있어요.

👦 : 그렇구나. 그렇다면 버루카도?

👧 : 버루카도 뭔가 벌을 받을 것 같아요.

👦 : 어떤 벌을 받을까?

👧 : 음…… 글쎄요.

👦 : 버루카가 들어간 곳은 어떤 방이고 거기에는 무엇이 있지?

👧 : 호두를 까는 방이고 거기에는 호두를 까는 다람쥐가 있어요.

👦 : 그럼 그것과 연결되지 않을까?

👧 : 아! 다람쥐들이 버루카의 머리를 두드려 볼 것 같아요.

👦 : 왜 버루카의 머리를 두드려 볼까?

👧 : 호두라고 생각해서요.

👦 : 그리고 어떻게 될까?

👧 : 텅 빈 소리가 나서 쓰레기통에 버릴 것 같아요.

상상을 할 때에도 어느 정도 근거를 가지고 해야 합니다. 아무런 근거 없는 상상은 망상에 가깝습니다. 현실에서도 이야기에서도 아무 일이나 마구잡이로 일어나지 않지요. 세상 모든 일은 다른 일과 연결되어 있어 서로 영향을 끼칩니다. 하나의 사건이 바뀌면 연결된 다른 사건도 바뀌지요. 그래서 상상을 할 때는 교육과정이 요구하듯이 흐름을 파악해야 합니다.

나라면 어떻게 할까?

하니 선생님을 도울 계획이 마틸다의 머릿속에서 멋들어지게 펼쳐졌다. 마틸다는 이제 자세한 계획까지 세워 놓았다. 두 눈의 힘으로 그 특별한 일을 해낼 수 있느냐 없느냐만 남아 있었다. 당장 그 일을 해낼 수 없으리란 걸 알고 있었지만, 열심히 노력하고 많이 연습하면 결국 성공할 거라고 확신했다. 시가는 필수적인 도구였다. 무게는 마틸다가 원했던 것보다 조금 더 가벼울지 모르지만 두께는 거의 일치했다. 연습용으로는 그만이었다.

_《마틸다》 274~275쪽 중

정말 놀라운 이야기입니다. 《마틸다》를 읽은 사람이라면 다들 하나같이 이 부분에서 깜짝 놀랍니다. 악독한 트런치불 교장이 천사 같은 하니 선생님의 이모라고 합니다. 게다가 교장은 하니 선생님의 아버지를 죽이고 하니 선생님이 받아야 할 유산과 월급까지 모두 빼앗았고요. 마틸다는 하니 선생님을 돕고 싶습니다. 마침 마틸다에게는 눈의 힘으로 물체를 움직일 수 있는 초능력이 있습니다. 하지만 그 힘이 대단히 크지는 않습니다. 그래서 교장을 들어 던지는 등의 일은 할 수 있을 것 같지 않아요. 컵을 넘어뜨리거나 시가 담배를 움직이는 정도만 가능합니다. 아이와 함께 대화를 나누며 무엇을 하고 싶은지 생각해 보세요.

문해력을 향상시키는 질문

55. 너라면 어떻게 할 거야?

대화 33

🙂 : 너라면 어떻게 할 거야?

🐑 : 나는 교장을 들어 던질래요.

🙂 : 마틸다가 그만한 힘은 없는 것 같아.

🐑 : 왜요?

🙂 : 작은 컵이나 담배 정도 되는 작은 물건만 움직일 수 있는 것 같아.

🐑 : 음…… 그렇다면 나는……

다음의 질문들 역시 이야기를 읽고 많은 상상을 하게 합니다. 질문을 읽어 보고 아이와 함께 책을 읽으면서 활용해 보세요.

문해력을 향상시키는 질문

56. 만약에 ~했다면 어떻게 되었을까?

57. 새로운 등장인물이 있다면 어떤 인물을 넣고 싶어?

58. 이야기를 바꾼다면 어떻게 바꾸고 싶어?

59. 새로운 사건을 더한다면 너는 어떤 사건을 넣고 싶어?

부모가 아이의 문해력을
지도해 주어야 하는 이유

문해력을 길러 주기 위해 아이와 함께 책을 읽으며 대화하는 읽기를 '지도적 읽기'라고 합니다. 책을 읽으면서 어떻게 읽고 어떻게 이해하고 어떻게 생각하는지를 함께 알아 가는 겁니다. 지도적 읽기는 문해력 향상을 위해서 반드시 필요합니다. 운전에 비유하자면 지도적 읽기는 강사가 동석한 도로 주행과 같아요. 혼자서 안전하게 운전하는 법을 익히기 위해 강사가 운전을 지도하듯이 혼자서 제대로 책 읽는 법을 익히기 위해 부모가 독서를 지도하는 거예요. 읽기 지도를 받지 못한 아이의 독서는 깊지 못해요. 정확히 이해하지 못하거나 이해의 깊이가 얕아요. 문해력은 단순히 책을 많이 읽는다고 길러지지 않아요. 책을 읽을 때 무엇을 해야 하는지 알고 그것을 능동적으로 수행할 때 길러져요. 이러한 능동적 읽기를 스스로 잘할 수 있는 아이는 거의 없어요. 능동적 읽기 방법을 익힐 수 있도록 이 책을 따라서 함께 읽고 연습하고 피드백을 주세요. 저의 전작인 《문해력 수업》(2021)에는 문해력에 관한 더 다양한 이야기들이 담겨 있어요. 그리고 콩나물쌤 유튜브 채널에도 문해력 관련 콘텐츠들이 많아요. 〈그림책과 함께 하는 연령별, 수준별 문해력 실제 지도 방법〉〈기초가 탄탄한 문해력을 길러 주는 방법〉〈고급 문해력은 어떻게 길러 줄 수 있나요?〉을 시청해 보시기 바랍니다. 이를 함께 참고해서 지도적 읽기를 하시면 아이의 문해력이 하루가 다르게 쑥쑥 커지는 걸 느끼실 겁니다.

줄거리를 요약하라

○ 이야기를 이해한다는 것은 인물, 사건, 배경을 이해한다는 뜻이다.

○ 그중 가장 중요한 것은 사건으로, 사건 파악은 문해력 발달의 척추와 같다.

○ 사건을 이해했는지는 줄거리를 요약할 수 있는지를 통해 확인할 수 있다.

○ 줄거리를 요약하기 위해서는 일어난 일을 모으고 그중 가장 중요한 일을 찾는 연습을 해야 한다.

인물을 이해하라

○ 모든 이야기는 인물이 겪는 사건이므로 인물을 이해하는 것은 이야기를 이해하는 데서 중요하다.

○ 인물을 잘 이해하는 것은 타인과 나를 이해하는 데에도 도움이 된다.

○ 주요 인물이 누구인지 파악해 본다.

○ 인물의 특징을 묘사해 본다.

○ 인물이 어떤 행동을 하도록 만든 동기를 찾아본다.

배경을 이해하라

○ 이야기의 무대인 배경을 이해하면 이야기를 더 깊이 이해할 수 있다.

○ 시간과 공간이 사람과 사건에 미치는 영향을 알면 더 적절한 판단과 행동을 할 수 있어, 실제 삶을 더 풍요롭게 만들어 준다.

○ 이야기를 읽을 때 시간적 배경을 나타내는 표현에 주목해 본다.

○ 이야기 속의 공간적 배경을 알아보고, 중요한 공간을 찾고, 그 공간의 의미를 탐색한다.

어휘를 짐작하라

- 글이란 어휘와 어휘의 유기적 연결이기에 어휘를 모르면 글을 이해할 수 없다.
- 어휘를 익힐 수 있는 가장 좋은 방법은 독서다.
- 어휘력을 높이는 가장 좋은 방법은 어휘를 추론하는 것이다.
- 아이가 모르는 단어에 주목하도록 초점을 맞춘다.
- 모르는 단어에 대한 정보를 모으고, 정보를 활용하여 추론한다.
- 추론한 결과를 평가한다.

표현을 이해하라

- 글을 구성하는 것은 어휘, 그리고 어휘 간의 관계로 이루어진 표현이다.
- 비유적 표현이 무엇인지 익히고 글에서 찾아본다.
- 무엇을 무엇에 비유하고 있는지 이해하고, 그렇게 비유한 이유를 파악한다.
- 다른 대상에 비유해 본다.
- 감각적 표현이 무엇인지 익히고 글에서 찾아본다.

마음껏 상상하라

- 상상력은 경험하지 못한 무언가에 대해 생각하는 능력이다.
- 상상력은 지식과 경험을 묶어 통찰력으로 바꿔 준다.
- 뒤에 이어질 이야기를 상상해 본다.
- 나라면 어떻게 할지 상상해 본다.

3부

초등
문해력
독서법

고급편

기쁜 / 감동적인 / 신나는 / 기대되는 / 설레는 / 행복한 / 발랄한/ 쾌활한/
만족하는 / 즐거운 / 황홀한

이렇게 많은 종류의 좋은 기분을 뜻하는 단어가 있는데도 아이들은 '기분 좋
다'라고만 말합니다. 문해력을 높이려면 이런 어휘들을 섬세하게 구분할 수
있어야 합니다. 그러려면 유사한 어휘들을 비교 분석해 그 차이점을 이해하
려고 노력해야 하고요. 유사한 단어를 자꾸 비교해서 그 차이를 인지하다 보
면 단어 사이의 작은 차이가 점점 크게 느껴지기 시작합니다. 단어 사이의 작
은 차이를 발견하면 이야기와 정보를 다른 이들보다 더 정확하게 파악할 수
있지요.

1

플롯을 파악하라

플롯은 이야기의 필수 요소입니다. 그래서 플롯이라는 개념을 이해하면 이야기를 더 깊게 이해할 수 있습니다. 플롯은 줄거리와 유사하지만 이야기를 구조적으로 바라본다는 점에서 다릅니다. 줄거리가 이야기를 시간의 순서대로 정리한다면 플롯은 이야기를 의미에 따라 구성합니다. 사건과 갈등의 강약을 중심으로 플롯을 정리한 대표적인 예가 바로 발단-전개-절정-결말 혹은 기-승-전-결입니다. 줄거리가 시간 순서로 좌에서 우로 간다면 발단-전개-절정-결말은 여기에 높낮이를 더한 것이지요. 발단은 배경과 인물에 대한 소개를 하고 이야기가 제시되는 도입부입니다. 전개는 사건이 본격적으로 생성되는 시점이고요. 절정은 사건이 최고조에 이르러 전환점을 맞는 시점입니다. 결말은 사건이 해결되어 마무리되는 시점이지요.

초등 국어 교육과정에서는 아이들이 다음의 성취 기준을 충족시켜야 한다고 말합니다.

- 4학년 국어 02-02   글의 유형을 고려하여 대강의 내용을 간추린다.
- 6학년 국어 02-02   글의 구조를 고려하여 글 전체의 내용을 요약한다.

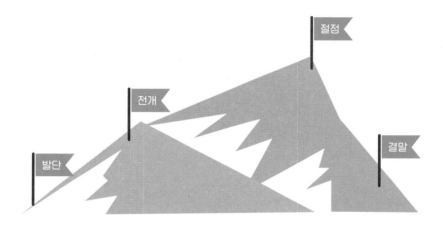

플롯 파악하기

Step 1. 결말 찾기

플롯을 정리할 때는 먼저 결말 부분부터 찾아보세요. 순서대로라는 우리의 관습대로 발단을 먼저 찾기 쉬운데 그리 좋은 방법은 아닙니다. 앞에서부터 찾다 보면 가장 극적인 장면을 전개나 결말에 포함시키는 실수를 하기 쉽거든요. 그래서 결말부터 시작해서 절정—전개—발단을 찾는 것이 좋습니다. 결말은 모든 사건이 해결되고 갈등이 해소되는 부분입니다. 동화에서는 보통 모든 사건이 해결되고 해피엔딩을 맞는 것이 정석이지만 어른들을 위한 소설에서는 문제는 해결되지 않고 인물이 파멸하기도 하지요. 다음의 질문으로 이야기의 결말을 찾아보시기 바랍니다.

문해력을 향상시키는 질문

60. 갈등을 일으킨 인물들은 이야기의 끝에 어떻게 되었지?
61. 모든 사건이 해결되고 주인공들은 어떻게 되었지?

대화 34

🙂 : 갈등을 일으킨 인물들은 이야기의 끝에 어떻게 되었지?

😆 : 트런치불 교장은 모든 걸 버리고 도망갔어요.

🙂 : 마틸다의 부모는?

😆 : 마틸다의 부모는 중고차 사기로 경찰의 수배를 받아서 스페인으로 도망갔어요.

🙂 : 그럼 모든 사건이 해결되고 주인공들은 어떻게 되었지?

😆 : 하니 선생님은 모든 재산을 찾을 수 있었고 마틸다는 하니 선생님과 함께 살게 됐어요.

Step 2. 절정 찾기

결말을 찾았다면 다음으로 이를 불러온 결정적인 사건을 찾아야 합니다. 갈등이 가장 심각하지만 모든 문제가 해결되는 장면을 다음의 질문으로 찾아보세요.

문해력을 향상시키는 질문

62. 이야기에서 인물들 간에 갈등이 가장 심한 부분은 어디지?
63. 이야기에서 모든 문제가 해결되게 하는 사건은 무엇이지?

대화 35

🧑 : 이야기에서 인물들 간에 갈등이 가장 심한 부분은 어디지?

👦 : 마틸다가 아빠 모자에 접착제를 발랐을 때?

🧑 : 음…… 그건 아직 시작 부분에 불과해 보이는데?

👦 : 교장이 어맨다를 해머 던지기 했을 때?

🧑 : 그것도 아직 이야기가 진행 중이잖아? 이야기에서 모든 문제가 해결되게 하는 사건은 무엇이지?

👦 : 마틸다가 초능력으로 칠판에 글을 썼어요.

🧑 : 어떤 내용으로?

👦 : 마치 하니 선생님의 아빠인 것처럼. 트런치불 교장에게 말했어요. 돈을 돌려주라고.

Step 3. 전개 찾기

절정을 찾았다면 전개를 찾을 차례입니다. 전개는 이야기를 절정으로 몰고 온 여러 사건들입니다. 다음의 질문으로 이야기의 전개를 찾아보시기 바랍니다.

문해력을 향상시키는 질문

64. 인물들 사이에 어떤 갈등들이 있었지?
65. 문제와 갈등을 점점 심해지게 만드는 사건에는 무엇이 있었지?
66. 절정에서 문제가 해결되는 데 도움이 되는 일에는 무엇이 있었지?
67. 구체적으로 어떤 일이 있었지?

대화 36

👦 : 인물들 사이에는 어떤 갈등들이 있었지? 먼저 트런치불 교장과 하니 선생님을 살펴볼까?

👧 : 트런치불 교장이 하니 선생님의 아버지를 죽였고 재산과 월급을 모두 **빼앗았어요.**

👦 : 트런치불 교장과 마틸다 사이에는?

👧 : 트런치불 교장이 학생들을 괴롭혔어요.

👦 : 마틸다와 마틸다 부모 사이에는?

👧 : 마틸다 부모는 마틸다를 싫어하고 매우 미워했어요.

👦 : 문제와 갈등을 점점 심해지게 만드는 사건에는 무엇이 있었

지? 엄마랑 하나씩 말해 보자.

😊 : 트런치불 교장이 브루스에게 케이크 한 판을 억지로 먹게 했어요.

😐 : 트런치불 교장이 어맨다의 땋은 머리가 마음에 들지 않는다고 해머 던지기를 했지.

😊 : 마틸다의 아버지는 항상 마틸다를 무시했어요.

😐 : 그래서 마틸다는 아버지의 모자에 접착제를 발랐어. 절정에서 문제가 해결되는 데 도움이 되는 일에는 무엇이 있었지?

😊 : 마틸다가 눈의 힘으로 작은 물건들을 움직일 수 있게 됐어요.

😐 : 구체적으로 어떤 일이 있었지?

😊 : 마틸다가 교장의 물컵을 눈의 힘으로 밀어서 넘어뜨렸어요.

Step 4. 발단 찾기

마지막으로 이야기의 발단을 찾을 차례입니다. 발단에서는 인물을 소개하고 배경을 제시하며 사건의 실마리를 보여 줍니다. 그런데 발단과 전개는 종종 미묘하게 섞입니다. 칼로 무를 베듯이 정확하게 나뉘지 않는다는 말입니다. 예를 들어 마틸다가 아빠에게 한 복수는 이야기의 초반에 나오기 때문에 발단으로 볼 수도 있고 사건을 심화시키기 때문에 전개로 볼 수도 있습니다. 다음의 질문으로 이야기의 발단을 찾아보시기 바랍니다.

68. 이야기의 앞부분에서는 어떤 일들이 있었지?

69. 이야기의 앞부분에서 인물이 어떤 사람인지 알 수 있는 내용을 찾

    아볼까?

70. 그걸 알 수 있는 사건에는 무엇이 있었지?

대화 37

: 이야기의 앞부분에서는 어떤 일들이 있었지?

: 마틸다가 아빠에게 복수를 했어요.

: 구체적으로 어떤 복수들이었지?

: 모자에 접착제를 바르고 친구의 앵무새를 빌려서 유령 소동

  을 벌였어요.

: 또 어떤 일들이 있었지?

: 아빠의 헤어토닉에 초강력 백금색 머리 염색약을 부었어요.

: 마틸다는 왜 아빠에게 복수를 하려 했어?

: 마틸다의 아빠가 마틸다를 미워하고 항상 못살게 굴었거든요.

  책도 못 읽게 하고.

: 마틸다가 어떤 아이인지 이야기의 앞부분에서 찾아볼까?

: 마틸다는 매우 똑똑했어요.

: 그걸 알 수 있는 사건으로는 무엇이 있었지?

: 마틸다는 네 살인데 공공 도서관에 가서 엄청 어려운 책을 읽

  었어요.

: 마틸다의 부모가 어떤 사람인지는 어떤 사건으로 알 수 있을까?

 : 마틸다의 아빠 웜우드 씨는 늘 마틸다를 무시했고 중고차를 팔 때 계속 사기를 쳤어요.

2

어휘를 비교 분석하라

    책을 읽으면서 처음 보는 단어의 의미를 추론하는 행위는 어휘를 습득하는 가장 좋은 방법입니다. 책은 세상에서 가장 많은 단어를 포함한 물건이며 맥락이 풍부하여 살아 있는 단어를 만날 수 있기 때문입니다. 올바른 어휘 추론법을 익히고 나면 책을 읽기만 해도 수없이 많은 단어들을 큰 노력 없이 습득할 수 있게 됩니다. 적은 노력으로 가장 많은 단어를 습득할 수 있기에 어휘 추론은 어휘를 배우는 가장 중요한 방법이라 할 수 있지요. 다만 그것만으로 충분하다고 말하기는 어렵습니다. 〈무한도전〉에서 유재석 씨 외에 박명수 씨나 하하 씨 등 다른 인물들이 필요한 것과 같습니다. 유재석 씨가 가장 중요한 역할이기는 하지만 혼자 힘으로는 한계가 있고 다른 인물이 함께할 때 더 빛을 발하지요. 어휘 추론의 한계는 어휘를 정확하고 깊게 이해하기는 어렵다는 데 있습니다. 책을 읽으면서 자연스럽게 그 뜻을 눈치챌 수는 있지만 분명하고 정확하게 이해할 수는 없지요. 그래서 처음에는 단어를 추론하는 방법을 배우되 문해력이 올라갈수록 어휘를 좀 더 깊고 정확하게 이해하도록 어휘를 비교하고 분석하는 방법을 익혀야 합니다.

우리말에 '아 다르고 어 다르다'라는 표현이 있습니다. 같은 말이라도 어떻게 표현하느냐에 따라 전달되는 내용이 달라진다는 의미이지요. 아 다르고 어 달라지는 표현에서 매우 중요한 것이 바로 어휘입니다. 거의 유사한 어휘라도 어떤 것을 선택하느냐에 따라 전달되는 메시지에 큰 차이가 발생합니다. 아이들에게 기분이 어떠냐고 물으면 보통 두 가지 반응이 나오지요. '기분이 좋다' 혹은 '기분이 나쁘다'. 이때 좋은 기분에 해당하는 감정은 정말 많습니다. 다음은 좋은 기분에 해당하는 감정들입니다.

기쁜 / 감동적인 / 신나는 / 기대되는/ 설레는 /
행복한 / 발랄한/ 쾌활한/ 만족하는/ 즐거운/ 황홀한

이렇게 많은 종류의 좋은 기분을 뜻하는 단어가 있는데도 아이들은 '기분 좋다'라고만 말합니다. 문해력을 높이려면 이런 어휘들을 섬세하게 구분할 수 있어야 합니다. 그러려면 유사한 어휘들을 비교 분석해 그 차이점을 이해하려고 노력해야 하고요. 유사한 단어를 자꾸 비교해서 그 차이를 인지하다 보면 단어 사이의 작은 차이가 점점 크게 느껴지기 시작합니다. 단어 사이의 작은 차이를 발견하게 되면 이야기와 정

보를 다른 이들보다 더 정확하게 파악할 수 있게 되지요.

초등학교 국어 교육과정도 어휘를 좀 더 섬세하게 이해하기를 요구하고 있습니다.

· 4학년 국어 04-02 낱말과 낱말의 의미 관계를 파악한다.

유의어와 반의어 찾기

낱말과 낱말의 의미 관계를 파악한다는 것은 무엇을 뜻할까요? 낱말과 낱말의 의미 관계에는 동의어, 유의어, 반의어가 있습니다. 동의어는 동일한 의미를 가진 단어를 뜻합니다. 완전히 동일한 뜻을 다르게 말할 필요는 거의 없기 때문에 동의어는 많지 않습니다. 우리말, 한자어, 외래어 사이에 생기는 경우가 대부분입니다. 계란과 달걀, 베트남과 월남처럼 말이지요. 유의어는 뜻이 서로 비슷한 단어를 뜻합니다. 아버지와 아빠가 대표적인 유의어입니다. 아버지와 아빠는 같은 사람을 지칭하지만 느낌이 다르지요. 아빠라고 하면 좀 더 어리고 친근하게 들리고 아버지라고 하면 좀 더 어른스럽고 예의를 갖춘 듯합니다. 반의어는 서로 반대되는 의미를 가진 단어를 뜻합니다. '차가운'의 반의어는 '뜨거운'이 되겠고 '크다'의 반의어는 '작다'가 됩니다. 이러한 동의어, 유의어, 반의어에 주목하면 단어를 보다 잘 알 수 있습니다. 특히 주목해야 하는 것은 유의어와 반의어입니다. 앞서 말했듯이 동의어는 그리 많지 않아 상대적으로 중요도가 떨어집니다.

다음은 《샬롯의 거미줄》 중 일부로, 헛간 속 윌버의 삶을 표현하는 부분입니다. 이 장면을 이용하여 어떻게 단어를 비교 분석하는지 살펴보겠습니다.

> 윌버는 날이 갈수록 샬롯이 좋아졌다. 샬롯의 벌레 퇴치 운동은 분별이 있고 유익했다. 농장 주변의 어느 누구도 파리를 좋게 말하지 않았다. 파리는 가축을 성가시게 하면서 시간을 허비했다. 젖소들은 파리를 싫어했다. 말들도 파리를 혐오했다. 양들도 질색했다. 주커만 부부는 항상 파리들 때문에 불평했고, 방충망을 쳐 놓았다.
>
> _《샬롯의 거미줄》 69쪽 중

Step 1. 유의어 찾기

가장 먼저 할 일은 유의어를 찾는 일입니다. 다음 질문으로 유의어를 찾아보세요.

문해력을 향상시키는 질문

71. 여기서 비슷한 뜻을 가진 단어에는 무엇이 있니?

대화 38

☺ : (글의 시작 부분과 끝부분을 손가락으로 짚거나 형광펜으로

표시한 뒤) 여기 안에서 비슷한 단어가 세 개 정도 있어. 어떤 단어들이 비슷해 보이니?

☺ : (잠시 혼자서 찾아본 뒤) '싫어하다, 혐오하다, 질색하다'가 비슷한 것 같아요.

글에서는 유의어가 세 개가 연달아 나오고 있습니다. 아이들이 어휘를 배울 수 있도록 의도적으로 배치한 것으로 보이는군요. 하지만 보통은 이처럼 유의어가 나열되어 있지 않습니다. 그런 경우에는 다음 질문으로 아이와 직접 유의어를 찾아보세요.

문해력을 향상시키는 질문
72. 이 단어와 비슷한 뜻을 가진 단어에는 무엇이 있을까?

대화 39

☺ : 싫어하는 감정을 표현하는 다른 단어에는 무엇이 있을까? 하나씩 번갈아 가며 말해 볼까?

☺ : 네. 음…… 미워하다?

☺ : 꺼리다.

☺ : 안 좋아하다.

☺ : 기피하다.

☺ : 짜증나다.

☺ : 경멸하다, 적대하다.

😠 : 반대하다.

😤 : 반감을 가지다.

😒 : 못마땅하다.

😟 : 불만족스럽다.

유의어를 찾을 때는 좀 넓게 찾아야 합니다. 범주를 넓게 잡아서 의미가 조금 다르더라도 모두 모아 보아야 한다는 뜻입니다. 가능하다면 단어를 하나씩 말할 때마다 써 보세요. 써 두지 않으면 대화를 진행하면서 계속 다시 떠올려야 합니다. 적어 두면 보면서 대화할 수 있어 어휘 학습이 훨씬 수월해집니다. 포스트잇 한 장에 한 단어씩 써 두면 더욱 좋습니다. 뒤에서 단어들을 성질과 특성에 따라 분류 혹은 나열할 텐데 그때 붙였다 뗐다 이합집산하기 좋거든요.

Step 2. 유의어 간 차이점 비교하기

유의어를 비교하려면 우선 각각의 뜻을 정확히 알아야 합니다. 각각의 뜻을 정확히 알아야 그 차이점도 정확히 알 수 있겠지요. 각자의 생각과 경험으로 대화를 나눠도 좋고 사전이 곁에 있다면 사전을 찾아보면 더욱 좋습니다.

문해력을 향상시키는 질문

73. 이 단어들은 서로 무엇이 같고 무엇이 다를까?

대화 40

🧑 : 이 세 단어는 서로 무엇이 같고 무엇이 다를까?

👄 : 다 싫어하는 걸 말하는 것 같기는 한데 정확히는 잘 모르겠어요.

🧑 : 그럼 우리 사전을 찾아볼까?

👄 : 좋아요.

🧑 : '싫어하다'는 무슨 뜻이지?

👄 : 싫게 여기다.

🧑 : 우리가 일반적으로 평소에 잘 쓰는 단어니까 이건 어렵지 않구나. 그렇지?

👄 : 맞아요.

🧑 : 그러면 '혐오하다'는 무슨 뜻이니?

👄 : 싫어하고 미워하다.

🧑 : 그렇구나. 그러면 '싫어하다'와 무엇이 같고 무엇이 다르지?

👄 : 싫어하는 것은 같은데 미워하는 게 추가됐어요.

🧑 : 좋아. 그러면 '질색하다'를 찾아볼까?

👄 : '질색하다'는 '몹시 싫어하거나 꺼리다'래요.

🧑 : 그러면 '싫어하다'와 '질색하다'의 차이점은?

👄 : '질색하다'는 '싫어하다'에 꺼리는 것이 포함되어 있어요.

Step 3. 유의어 간 특성 비교하기

유의어 사이에는 어떤 점이든 간에 차이가 있게 마련입니다. 그 차이를 이용해서 단어를 분류 혹은 나열해 보면 어휘를 더 깊게 이해할 수 있습니다. 어휘를 분류하거나 나열할 때는 다음을 기준으로 삼을 수 있습니다.

❶ 의미의 강하고 약함.
❷ 의미의 넓고 좁음.
❸ 의미의 복잡함과 단순함.

문해력을 향상시키는 질문

74. 이 단어들을 가장 ○○한 순서대로 나열해 볼까?
75. 이 단어들을 ○○로 분류해 볼까?

대화 41

😀 : 그러면 세 단어 중에서 무엇이 더 강한 느낌이 드니? 가장 강한 순서대로 나열해 볼까?

😊 : 좋아요.

😀 : 우선 가장 약해 보이는 단어는 무엇이니?

😊 : '싫어하다'요.

😀 : 왜 그렇지?

😊 : '혐오하다'와 '질색하다'는 싫어하는 것에 미워하는 것과 꺼리는 것이 추가되었으니까요.

😀 : 그러면 '혐오하다'와 '질색하다' 중 무엇이 더 강하게 느껴지니?

: 음…… 저는 '혐오하다'요.

: 왜 그렇게 느꼈어?

: 미워하는 것과 꺼리는 것을 비교해 보면 미워하는 게 더 강한 것 같아요. 미워하는 친구와 꺼리는 친구가 있다면 미워하는 친구를 더 싫어하는 거니까요.

Step 4. 유의어 교체해 보기

직접 생각해 낸 유의어들은 원래의 문맥에 사용해 봅니다. 원래 문맥에 넣었을 때 자연스러운 단어가 있는가 하면 어색해서 사용하기 적절하지 않은 경우도 많거든요. 이를 통해 유의어 간의 차이를 좀 더 발견할 수 있습니다.

문해력을 향상시키는 질문

76. 원래 문장에 유의어를 바꿔 넣어 볼까?

대화 42

 : 그럼 원래 문장에 유의어를 바꿔 넣어 볼까?

: 좋아요.

: 단어를 넣어서 자연스러우면 포스트잇을 오른쪽으로, 이상하면 왼쪽으로 옮기자.

: 네. 파리를 미워하다. 조금 어색해요.

😊 : 파리를 질색하다. 가능해.

😊 : 파리를 기피하다. 가능한 것 같아요.

😊 : 파리에 적대적이다. 조금 어색하네.

😊 : 파리를 경멸하다. 가능한 것 같아요.

😊 : 엄마 생각에는 조금 이상한 것 같아. 보통 경멸은 사람한테 쓰거든. 인격이 있는 사람을 아주 깔볼 때 사용해.

😊 : 좋아요. 그러면 왼쪽으로 옮길게요.

Step 5. 반의어 찾아보기

이번에는 반의어를 찾아봅니다. 반대되는 뜻을 통해 원래의 단어를 더 깊이 이해할 수 있습니다. 물론 반의어도 추가로 배울 수 있고요.

문해력을 향상시키는 질문
77. 반대의 뜻을 가진 단어에는 무엇이 있을까?

대화 43

😊 : 이번에는 '싫어하다'와 반대의 뜻을 가진 단어를 찾아보자. 무엇이 있을까?

😊 : 좋아하다.

😊 : 만족하다.

😊 : 사랑하다.

😊 : 기뻐하다.

😋 : 아끼다.

😊 : 흡족하다.

😋 : 반하다.

😊 : 즐거워하다.

위 과정을 매번 전부 다 수행할 수는 없어요. 시간이 많이 드니까요. 물론 다 하면 좋겠지만 시간이 허락하는 선에서만 해도 됩니다. 어느 날은 유의어만 찾아보고 어느 날은 사용된 유의어끼리 비교해 보는 겁니다. 또 어느 날은 원래 단어를 유의어로 교체해 보고 어느 날은 반의어를 찾아보는 거지요. 너무 큰 욕심 내지 말고 책을 읽는 동안 짧은 시간을 내어 유의어/반의어로 어휘를 비교 분석한다면 머지않아 아이의 어휘 지식은 몰라보게 깊어질 겁니다.

3

내 삶에 적용하라

    추운 겨울밤 아랫목에서 할머니가 들려주셨던 옛이야기를 기억하시나요? 무서운 귀신 이야기, 어리석은 호랑이 이야기, 지혜로운 청년과 욕심 많은 사또 이야기도 있었지요. 입천장이 까질 만큼 뜨거운 군고구마를 까 주면서 들려주신 그 이야기는 우리의 마음속에 깊이 자리 잡고 있습니다. 워낙 어릴 때 들었던 이야기들이라 내용이 자세히 기억나지는 않아도 말입니다.

    한 인간이 어릴 때 들었던 이야기들은 아이의 인생에 지대한 영향을 미칩니다. 윗세대에서부터 내려오는 사회적 규범들과 말로 다 하기 어려운 지혜들을 이야기들이 전하지요. 《혹부리 영감》은 정직을, 《팥죽할멈과 호랑이》는 협동을, 《의좋은 형제》는 우애를 우리에게 알려 줍니다. 《이솝우화》는 지혜를, 《아기 돼지 삼형제》는 성실을, 《황금 거위》는 절제를 가르쳐 주지요. 좀 더 복잡한 깨달음을 얻기도 합니다. 《삼년 고개》를 통해 관점의 변화를, 《임금님 귀는 당나귀 귀》를 통해 비밀 유지의 어려움을 어렴풋이나마 깨달을 수 있습니다. 이야기가 우리 삶에 영향을 미치는 것은 어릴 때만이 아닙니다. 청소년이 되어서도 성인이 되어서도 이야기는 우리 삶에 영향을 미칩니다. 《흥부와 놀부》 《라푼젤》이 《덕혜 옹주》 《데미안》으로 교체될 뿐이지요.

우리가 이야기를 통해 삶을 배울 수 있는 이유는 이야기가 삶을 표현하고 있기 때문이에요. 현실과 가장 동떨어진 미래에 관한 SF소설조차 삶의 보편성을 담아 냅니다. 완전히 낯선 환경의 완전히 낯선 생명체가 등장한다고 해도 이는 변하지 않습니다. 그렇지 않은 이야기는 우리의 공감을 얻지 못하거든요.

한편 삶도 이야기를 담고 있습니다. 우리의 하루하루는 모두 하나의 이야기입니다. 대부분의 날들이 바람개비처럼 제자리에서 도는 듯하지만 그 안에는 크고 작은 에피소드들이 자리 잡고 있지요. 삶과 이야기는 서로를 비춰 주는 거울과 같아요. 삶은 이야기를 담고 이야기는 삶을 표현한답니다. 우리는 삶에서 이야기를 찾기도 하고 반대로 이야기 안에서 우리의 삶을 발견하기도 하지요. 삶은 이야기에게 모티브가 되고 이야기는 삶에 영감을 줍니다. 우리는 이야기에서 우리 삶에 필요한 지혜를 배우게 됩니다.

책과 이야기를 읽는다고 무조건 우리 삶에 도움이 되는 것은 아닙니다. 많은 책을 읽더라도 사는 데 전혀 도움을 받지 못할 수도 있습니다.

그래서 어떤 이들은 책과 이야기의 효용성을 간과합니다. "이야기책 읽어서 무슨 소용이 있어?" "책 읽는다고 밥이 나오냐, 떡이 나오냐?" "자기계발서라는 책들도 다 뜬구름 잡는 소리야. 읽어 봤자 도움 안 돼." 이런 말을 하는 사람들을 종종 보지요. 이들이 주장하는 것은 삶은 삶이고 이야기는 이야기일 뿐이라는 겁니다. 삶과 이야기는 별개라서 적용이 안 된다고요. 단적으로 말하면 이야기가 삶에 적용되지 않는 것이 아니라 적용하지 못하는 사람들이 있을 뿐입니다. 책을 읽었다고 내용이 삶에 자동으로 적용되는 것이 아닙니다. 읽은 사람이 읽은 내용을 삶에 능동적으로 적용해야 합니다. 적용의 책무와 의무는 책이 아니라 읽는 사람에게 있습니다.

　책을 읽어도 삶이 변하지 않는 사람들은 적용력을 높여야 합니다. 사람은 자기가 가진 적용력만큼 배운 것을 삶에서 이용할 수 있게 됩니다. 구슬이 서 말이라도 꿰어야 보배라고 했습니다. 적용력이 낮다면 아무리 많이 배우고 읽어도 소용이 없습니다. 구슬이 많을 뿐 자기 삶에 꿰지를 못하거든요. 적용력이 높은 사람은 지식이 단 하나만 있어도 알차게 사용할 수 있습니다. 하나 배우면 그때그때 자기 삶에 꿰어지는 것이지요. 적용력은 어느 날 갑자기 하늘에서 뚝 떨어지지 않습니다. 하루하루 책을 읽으면서 키워 나가야 합니다.

배경지식을 활용해 이해하기

· 6학년 국어 02-01 읽기는 배경지식을 활용하여 의미를 구성하는 과정임을 이해하고 글을 읽는다.

읽기는 글자를 마구잡이로 읽어 대는 행동이 아닙니다. 내가 알고 있는 배경지식을 바탕으로 내용을 이해하는 행동이지요. 다음은 《마틸다》의 한 부분입니다. 마틸다의 아빠 웜우드 씨는 아들 마이클에게 자기 사업의 비법을 설명합니다. 그 와중에 마케팅의 비밀을 하나 설명합니다. 어떤 이야기일까요?

> "3번 차는 111파운드에 사서 999파운드하고도 50펜스에 팔았다."
>
> "다시 한번 불러 주세요. 얼마에 팔았다고요?"
>
> "999파운드 50펜스. 이건 손님들을 속여 먹는, 나의 또 다른 멋들어진 작은 속임수인데 말이다. 절대로 잔돈 없는 가격을 매기면 안 된다. 항상 그 약간 아래로 불러야 해. 절대로 1000파운드라고 하면 안 되고, 999파운드 50펜스라고 해야 한다는 말이다. 이 말은 훨씬 싸게 들리지만 사실은 그렇지 않거든. 기막힌 생각이지, 안 그러냐?"
>
> _《마틸다》 66~67쪽 중

웜우드 씨는 잔돈이 없게 딱 떨어지는 가격을 불러서는 안 된다고 말합니다. 그것보다 조금 더 싸게, 예를 들어 1000파운드가 아닌 999파운드 50펜스라는 식으로 말이지요. 아주 익숙하지 않나요? 이런 장면은 우리가 마트에서 흔히 접하는 일들입니다. 지금 마트 앱을 켜 보니 이렇게 나오는군요. 감귤 12900원, 생수 780원, 우유 1980원, 두부 990원, 맛밤 3900원, 계란 5980원. 이런 것을 '900원 마케팅'이라고 합니다. 똑같은 상품이 1만 원일 때보다 9900원일 때 훨씬 잘 팔린다는 겁니다.

웜우드 씨의 이야기는 우리 주변에서도 쉽게 관찰 가능하군요. 아이와 함께 마트에 가 본 기억을 떠올려 보세요. 혹시 마트에 잘 가지 않는다면 쇼핑 앱을 열어서 아이와 함께 살펴보아도 좋고요. 아이들은 경험을 이용해 이야기를 이해하는 방법을 배우게 됩니다. 배경지식을 활성화하는 질문으로 아이와 다음처럼 대화해 보세요.

문해력을 향상시키는 질문

78. 이 이야기를 봤을 때 무언가 떠오르는 것이 있니?
79. 혹시 이 내용과 관련하여 알고 있는 것이 있니?
80. ○○을 떠올려 볼래?
81. 이 일과 비슷한 경험을 한 적이 있니?
82. 혹시 이야기 속 인물과 성격(특징, 행동)이 비슷한 사람을 알고 있니?

대화 44

😀 : 이 이야기를 봤을 때 무언가 떠오르는 것이 있니?

🐑 : 음…… 글쎄요.

😀 : 우리가 마트에 장 보러 갔을 때를 떠올려 볼래?

: 아. 물건 가격이 보통 900원으로 끝났어요.

: 그렇지. 어떤 경우가 있었지?

: 과자가 1900원, 의자는 39900원 이런 식으로요.

작품 속 세계와 현실 비교하기

> · 6학년 국어 05-02   작품 속 세계와 현실 세계를 비교하며 작품을 감상한다.

글을 읽을 때는 항상 이야기와 우리 삶의 연결성을 인지해야 합니다. 이야기는 이야기고, 삶은 삶이라며 이분법적으로 구분해서는 안 됩니다. 이야기가 어떻게 삶을 표현하고 삶은 어떻게 이야기를 담고 있는지 생각해 보세요. 그러려면 작품 속 세계와 현실 세계를 비교하며 읽어야 합니다. 어디까지가 현실이고 어디부터가 이야기에서만 가능한 상상인지 구분해야 합니다. 작품과 현실을 비교해 생각하다 보면 현실에 대해 많은 생각을 하게 됩니다.

> 교장은 어맨다에게 돌진해서 오른손으로 어맨다의 땋은 머리를 잡고 달랑 들어 올렸다. 그리고 어맨다를 머리 위에서 더 빨리, 더 빨리 빙빙 돌리기 시작했다. 속도가 점점 빨라지자 어맨다는 공포에 질려 "사람 살려!" 하고 비명을 질렀고, 교장은 고함을 질러 댔다.

(…)

교장은 빙빙 돌리고 있는 아이의 몸무게를 지탱하느라 몸을 뒤쪽으로 기울이고는 노련하게 자신의 발가락을 축으로 하여 빙글빙글 돌았다. 어맨다의 몸은 너무 빨리 돌아서 형체가 희미하게 보였다. 갑자기 끙 하는 어마어마한 포효와 함께 교장이 땋은 머리를 놓아 버리자, 어맨다는 로켓처럼 운동장 둘레의 철조망 울타리를 넘어서 하늘 높이 날아갔다.

_《마틸다》149쪽 중

트런치불 교장은 땋은 머리를 아주 싫어합니다. 불쌍한 어맨다는 그것도 모르고 방학 동안 머리를 길러 예쁘게 땋아 학교에 왔군요. 게다가 포악한 교장에게 말대꾸를 하는 실수를 범하고 맙니다. 투포환 선수 출신인 교장은 어맨다의 머리를 잡고 빙빙 돌린 뒤 학교 담장 밖으로 던져 버립니다. 아이들이 참 좋아하는 이 장면은 교장의 포악함을 보여주는 대표적인 예입니다. 재미를 더하느라 현실과는 거리가 많이 멀군요. 다음 질문으로 아이와 함께 작품 속 세계와 현실을 비교해 보시기 바랍니다.

문해력을 향상시키는 질문

83. 이야기 속 사건이 현실에서 일어날 수 있을까?
84. 이런 일이 현실에서 벌어진다면 어떻게 될까?
85. 실제로는 어떻게 일이 진행될까?

대화 45

 : 지금 이런 사건이 현실에서 일어날 수 있을까?

 : 아뇨.

 : 어떤 점이 현실과 다를까?

 : 아무리 힘이 세다고 해도 사람이 다른 사람을 그렇게 멀리 던질 수는 없어요.

 : 사람을 던져서도 안 되고 말이야.

 : 네.

 : 혹시 만약에 이런 일이 현실에서 벌어진다면 어떻게 될까?

 : 만약에 실제로 저런 일이 벌어지면 교장은 감옥에 가게 될 거예요.

 : 그런데 엄마나 선생님이 아이의 헤어스타일을 마음에 들어 하지 않는 경우는 현실에서도 있잖아?

 : 네.

 : 만약 그렇다면 실제로는 어떻게 일이 진행될까?

 : 머리를 바꾸라고 말하거나 벌점을 줄 것 같아요.

내 삶에 적용하기

> · 6학년 국어 05-06 작품에서 얻은 깨달음을 바탕으로 하여 바람직한 삶의
> 가치를 내면화하는 태도를 지닌다.

이야기 속 인물들과 그들이 겪는 경험들은 우리들에게 깨달음을 줍니다. 깨달음은 주인공이 현명할 때만 얻을 수 있는 것이 아닙니다. 오히려 주인공이 어리석기 때문에 우리가 무언가를 느끼게 되는 경우도 흔합니다. 위대한(?) 중고차 사업가인 웜우드 씨는 남 속이는 일을 밥 먹듯이 합니다. 다 망가진 기어에 기름 묻은 톱밥을 넣어 잠시 눈을 속이거나 주행거리를 조작하기도 하지요. 이야기 속 인물이 훌륭하든 그렇지 않든 우리는 그를 통해 생각할 거리를 얻을 수 있습니다. 다음을 읽고 질문을 통해 아이와 함께 올바른 삶의 태도에 대해 생각해 보세요.

"나는 늘 어떤 바보가 기어를 망가뜨릴 대로 망가뜨린 털털거리는 차를 기꺼이 사들이지. 원래 가격보다 훨씬 싸게 말이야. 그런 다음 변속기 안에 기름 묻은 톱밥을 잔뜩 섞는 거야. 그러면 그 차는 입에 넣은 설탕처럼 잘 굴러가지."

마틸다가 물었다.

"그 차가 다시 덜덜거릴 때까지 얼마나 더 굴러갈까요?"

웜우드 씨가 씩 웃으며 말했다.

"손님이 항의하러 오기 귀찮을 정도까지 멀리 가지. 한 160킬로미터 정도?"

"하지만 그건 정직한 일이 아니잖아요. 아빠. 그건 남을 속이는 일이에요."

"정직해서 부자가 되는 사람은 없어. 손님은 속이라고 있는 거야."

_《마틸다》 27~28쪽 중

문해력을 향상시키는 질문

86. ○○에 대해 어떻게 생각해?

87. 너라면 어떻게 할 것 같아?

88. 우리는 무엇을 배울 수 있을까?

대화 46

👦 : 웜우드 씨에 대해 어떻게 생각해?

👧 : 너무 심각한 사기꾼인 것 같아요.

👦 : 그렇지? 아무리 돈을 버는 게 중요해도 이렇게 행동하면 안 돼.

👧 : 맞아요.

👦 : 이런 일이 현실에서 벌어진다면 어떻게 될까?

👧 : 감옥에 가겠죠.

👦 : 너라면 중고차를 어떻게 팔 것 같아?

👧 : 나라면 정직하게 할래요. 좋은 중고차를 사서 더 쓰기 좋게 고쳐서 팔 거예요.

👦 : 우리는 웜우드 씨를 통해서 무엇을 배울 수 있을까?

👧 : 이런 사람이 되지 말아야겠다는 생각이 들어요.

👦 : 그래. 그리고 엄마는 이런 사람이 주변에 있을 수 있으니 속지 않도록 주의해야겠다는 생각도 들어.

다음의 질문들 역시 이야기를 우리 삶에 적용하게 합니다. 질문을 읽어 보고 아이와 함께 책을 읽으면서 활용해 보세요.

89. 이야기 속 등장인물 중 한 명과 대화를 나눌 수 있다면 누구와 어떤 이야기를 해 볼래?

90. 이야기의 주인공은 어떻게 생겼을 것 같아?

4

이야기를 분석하라

2021년 경제협력개발기구 OECD는 15세 청소년의 디지털 문해력 국가별 순위를 발표하였습니다. 이번 발표는 38개 OECD 가입국과 41개의 파트너 국가를 합해 총 79개국의 정보를 담고 있습니다. 한국 청소년의 디지털 문해력은 어땠을까요? 참고로 한국 청소년의 문해력은 2006년 1위를 기록한 이후 점차 하락했지만 여전히 10위 안에 들고 있습니다. 디지털 문해력도 비슷하지 않을까 싶지만 웬걸요. 대한민국 청소년의 디지털 문해력은 세계 꼴찌 수준이었습니다. 덴마크, 캐나다, 일본, 네덜란드, 영국 등 경제 강국들은 대부분 디지털 문해력에서도 강국이었습니다. 한국은 멕시코, 브라질, 콜롬비아, 헝가리 등 경제 기반이 약한 나라들과 함께 디지털 문해력 최하위 그룹에 속했습니다.

우리 청소년들의 디지털 문해력이 세계 최하위 수준이라고 하니 디지털 교육을 시급하게 실시해야 할 것 같습니다. 하지만 속내를 들여다보면 전혀 그렇지 않다는 사실을 알 수 있습니다. 조사 결과를 자세히 살펴보면 이번 사안의 핵심은 '디지털'이 아니에요. 이번 연구는 2018년에 실시한 피사PISA 읽기 테스트에서 디지털 문해력과 관련된 문항을 뽑아 분석하였습니다. 테스트는 총 두 문항으로 구성되었습니다. 한 문제는 피싱 메일에 반응하는 태도를 통해 정보의 신뢰성을 식별하는 능력을 확인했습니다. 다른 한 문제는 지문을 읽고 지문을 설명하는 문장이 사실인지 의견인지 물어 사실과 의견을 구별할 수 있는지 확인했고요. 이 두 문항을 보면 알 수 있지만 디지털 문해력은 '디지털'에 관한 문제가 아니라 '디지털상 정보'에 관한 문제입니다. 한국 청소년은 디지털 기술이 부족한 것이 아니라 디지털상의 정보를 분석하지 못하고 있는 것입니다. 사실과 의견 식별률은 겨우 25.6퍼센트로, 무려 4명 중 3명이 텍스트를 읽을 때 사실과 의견을 구분하지 못했습니다.

디지털 문해력이 최하위 수준이라는 것은 분명 새로운 사실이지만 저는 그리 놀라지 않았습니다. 충분히 예측할 수 있는 일이었으니까요. 현재 한국의 교육은 입시를 위해 지식의 주입과 습득에 초점을 맞추고 있습니다. 지식을 능동적으로 분석하고 판단하는 교육은 상대적으로 등한시되고 있다는 뜻이지요.

두 사람이 한 그루 나무 아래 서 있다고 가정해 보겠습니다. 이 나무는 상대에 따라 특성이 바뀌지 않습니다. 나무의 종류, 크기, 특징 등은 나무를 바라보는 사람이 누구인지에 영향을 받지 않지요. 하지만 같은 나무를 바라보고 무엇을 생각하고 느끼는지는 사람마다 다릅니다. 한 사람은 나무를 보고 그냥 '나무'라고 생각할 수도 있지만 다른 사람은 '참나뭇과에 속하는 상수리나무'라고 할 수도 있습니다. 한 발 더 나아가 또 다른 사람은 '재질이 딱딱하여 목재로 잘 활용되며 숯으로도 아주 가치가 높은 참나뭇과에 속하는 상수리나무'라고 이해할 수도 있지요. 똑같은 한 그루의 나무를 보더라도 사람마다 볼 수 있는 것이 다른 이유는 분석력 때문입니다. 분석력이란 어떤 것을 작게 나누어 구체적으로 살펴보는 힘을 말합니다. 나무를 봤을 때 그냥 나무라고 인식하는 사람과 뿌리, 줄기, 잎, 가지, 꽃으로 나누어 보는 사람의 분석력은 다릅니다. 또 나무의 특징을 관찰해 다른 나무와 상수리나무를 구분할 줄 아는 사람의 분석력이 다르고 나무의 활용도까지 아는 사람의 분석력이 다릅니다. 세계적인 베스트셀러 《부자 아빠 가난한 아빠》의 로버트 기요사키는 작은 것을 구분할 줄 아는 것이 지능이라고 말합니다. 두루뭉술하게 대충 파악하는 사람보다 세밀하고 구체적으로 파악할 수 있는 사람의 지능이 높다는 의미입니다. 그러니 우리 아이의 분석력을 길러 주기 위해 신경 쓰셔야 합니다.

원인과 결과 고려하기

분석의 기초는 바로 원인과 결과입니다. 세상 모든 일은 원인과 결과로 이어집니다. 원인 없는 사건은 없습니다. 문해력이 낮은 데도, 물고

기가 튀어 오르는 데도, 눈이 오는 데도 모두 원인이 있습니다. 세상에 원인이 없는 일은 없고 다만 원인을 사람이 찾지 못하는 일만 있을 뿐입니다. 그러니 원인과 결과를 분석할 줄 알면 공부를 넘어 인생에 대단한 힘을 갖게 됩니다.

초등 국어 교육과정에서도 다음처럼 원인과 결과를 분석하라고 요구하고 있습니다.

> · 4학년 국어 01-03 원인과 결과의 관계를 고려하며 듣고 말한다.

마틸다는 라벤더라는 아이를 알게 됩니다. 라벤더는 자신이 교장에게 한 행동을 영웅담마냥 늘어놓습니다. 하루는 교장의 속바지에 가려움을 유발하는 '박피제'를 잔뜩 뿌려 놓았답니다. 박피제는 독사의 이빨에서 나오는 독을 가루로 만든 거라고 하네요. 당연히 교장은 가려워했고요. 그런데 라벤더는 금세 범인으로 검거되고 말았습니다. 왜 그렇게 되었을까요?

> "트런치불 교장은 무엇이든 추측해 내는 고약한 취미가 있거든. 누가 범인인지 모를 때는 머릿속에서 추측한다고. 문제는 교장의 추측이 자주 맞다는 거야. 나는 유력한 용의자였지. '골든 시럽 사건' 때문에 말이야. 교장이 아무런 증거도 가지고 있지 않다는 걸 알고 있었지만. 내가 뭐라고 하든 상황은 달라질 게 없었어. 나는 계

속 소리쳤지. '제가 어떻게 그런 짓을 해요. 트런치불 교장 선생님?
저는 교장 선생님이 학교에 속바지를 보관하고 있다는 것도 몰랐
는데요! 저는 박피제가 뭔지도 모른다고요! 한 번도 들어 본 적 없
어요!'라고 말이야. 하지만 내 대단한 연기에도 불구하고 거짓말은
먹혀들지 않았어. 교장은 그냥 내 한쪽 귀를 잡고는 곧장 질식 방으
로 끌고 가서. 그 속에 나를 던져 놓고 문을 잠가 버렸어."

_《마틸다》141쪽 중

Step 1. 원인 찾기

다음 질문을 통해 원인을 찾아보세요.

문해력을 향상시키는 질문

91. 이유가 뭘까?

92. 왜 그랬을까?

93. 원인이 뭘까?

대화 47

😊 : 라벤더가 교장 선생님에게 잡힌 이유가 뭘까?

😄 : 교장 선생님의 바지에 박피제를 뿌려 놓아서요.

😊 : 라벤더가 그랬다는 것을 교장 선생님은 어떻게 알 수 있었을
     까?

😊 : 라벤더가 자기는 교장 선생님이 학교에 속바지를 보관하고 있는 것도 모르고 박피제가 뭔지도 모른다고 말해서요.

😐 : 왜 그걸로 라벤더가 범인인 것을 교장 선생님이 알 수 있었을까?

😊 : 그건 범인이 아니면 알 수 없는 거니까요.

Step 2. 결과 찾기
다음 질문을 통해 결과를 찾아보세요.

문해력을 향상시키는 질문
94. 그래서 어떻게 되었지?
95. 그 결과 어떤 일이 벌어졌지?
96. 결과가 무엇이지?

대화 48
😐 : 범인으로 잡혀서 라벤더는 어떻게 되었지?

😊 : 질식 방으로 끌려가서 갇혔어요.

😐 : 그렇다면 애초에 라벤더가 교장 선생님께 그런 못된 장난을 친 원인이 뭘까?

😊 : 교장 선생님이 아이들을 못살게 굴어서요.

😐 : 그럼 교장 선생님이 아이들을 못살게 군 결과는 뭐지?

: 라벤더가 교장 선생님의 바지에 박피제를 뿌린 것이요.

Step 3. 원인과 결과 연결하기

원인과 결과를 모두 찾아보았다면 이들을 연결하여 하나의 흐름으로 만들어 보세요. 어떤 일이 원인이 되어 어떤 다른 사건을 일으켰고 그 사건이 다시 원인이 되어 무슨 일을 일으켰는지 연결해서 생각하는 겁니다. 다음 질문을 통해 아이와 함께 원인과 결과를 연결해 보세요.

문해력을 향상시키는 질문

97. 원인과 결과는 어떻게 연결되어 있을까?

대화 49

 : 원인과 결과는 어떻게 연결되어 있을까? 하나씩 말해 보자.

: 교장 선생님이 아이들을 못살게 굴었어요.

: 그래서 라벤더는 교장 선생님 속바지에 박피제를 뿌려 놓았지.

: 그래서 교장 선생님은 매우 가려웠고 고생을 했어요.

: 그래서 라벤더를 범인으로 지목했고.

: 그래서 라벤더는 자기는 박피제를 모른다고 변명했어요.

: 그래서 교장 선생님은 라벤더가 범인이라는 사실을 금방 알 수 있었지.

: 왜냐하면 범인이 아니면 박피제 때문에 가려웠다는 사실을

알 수 없기 때문이에요.

 : 그래서 교장 선생님은 라벤더를 질식 방에 가뒀지.

사실과 의견 구분하기

세상에는 사실과 의견이 있지요. 사실은 실제로 있는 일을 뜻합니다. 사람에 따라 다르지 않아 누가 봐도 고정되어 확인할 수 있는 그 무언가지요. 의견은 무언가에 대한 누군가의 생각입니다. 이것은 고정되어 있지 않아 사람마다 차이가 있을 수 있는 거지요. 이 둘을 구분하는 것은 현명한 선택을 위해서 매우 중요합니다. 어디까지 사실이고 어디서부터 의견인지를 구분할 수 있어야 합니다. 사실까지는 그대로 인정하고 의견에 대해서만 생각하고 조정하면 되니까요.

초등 국어 교육과정에서도 다음처럼 사실과 의견 구분의 중요성을 언급하고 있습니다.

> · 4학년 국어 02-04 글을 읽고 사실과 의견을 구별한다.

"러비가 오늘 아침에 돼지한테 밥을 주러 가보니까 안개가 끼어서 그 거미줄이 눈에 뜨인 거야. 안개 속에서는 거미줄이 또렷이 보인다는 거. 당신도 알잖아. 그런데 그 거미줄 바로 한 가운데에 '대단한 돼지'라는 글자가 쓰여 있었던 거야. 그 글자는 바로 거미줄에 짜여 있었어. 실제로 그 거미줄의 일부였다고. 여보. 내가 내려가서 봤기 때문에 알아. '대단한 돼지'라고. 너무나 또렷하게 쓰여 있었어. 틀림없는 사실이야. 여기 이 땅에. 그것도 바로 우리 농장에 기적이 일어났어. 계시가 나타난 거야. 우리 돼지는 보통이 넘는다고 말이야."

_《샬롯의 거미줄》115~116쪽 중

돼지에게 밥을 주러 갔던 러비가 거미줄에서 글자를 발견합니다. "대단한 돼지"라는 글자였지요. 이 놀라운 사실을 접한 주커만 씨는 부인에게 말합니다. "우리 돼지는 보통이 넘는다고 말이야." 이 장면에는 사실과 의견이 섞여 있습니다. 아이와 함께 다음의 질문을 활용해 사실과 의견을 구분해 보세요.

Step 1. 사실 확인하기
가장 먼저 할 일은 사실과 의견 중 사실을 찾는 것입니다. 의견은 사실을 기반으로 해서 나오기 때문에 사실을 먼저 찾아야 합니다. 개인적인 생각을 제외하고 일어난 일만 찾아보세요.

문해력을 향상시키는 질문
98. 어떤 일이 일어났지?

: 어떤 일이 일어났지?

 : 거미줄에 '대단한 돼지'라는 글씨가 쓰여 있었어요.

Step 2. 의견 확인하기

사실을 모두 찾았으면 의견을 확인해야 합니다. 의견은 일어난 일이 아닌 그것에 대한 사람들의 생각이지요. 여기서 약간 혼란스러운 것이 어떤 사람이 어떤 말을 한 경우입니다. 앞에서 주커만 씨는 부인에게 우리 돼지가 대단한 돼지라고 말했습니다. 여기는 사실과 의견이 섞여 있지요. 주커만 씨가 부인에게 그렇게 말한 일은 사실이고, 대단한 돼지라는 것은 주커만 씨의 의견입니다. 이 둘을 구분하시기 바랍니다.

문해력을 향상시키는 질문

99. 사람들은 어떻게 생각하고 있어?

대화 51

 : 그것에 대해 사람들은 어떻게 생각하고 있어?

 : 돼지가 대단하다고 생각해요.

Step 3. 의견의 합리성 판단하기

이번에는 의견의 합리성을 판단할 차례입니다. 사실은 그냥 일어난 일이므로 그에 대해서는 옳고 그름을 판단하지 않습니다.

문해력을 향상시키는 질문

100. 그 생각은 합당할까?

대화 52

😊 : 돼지가 대단하다는 사람들의 생각은 합당할까?

😊 : 네.

😊 : 왜 그렇게 생각해?

😊 : 대단한 돼지라고 적혀 있으니까요.

😊 : 적혀 있으면 그 말이 반드시 맞는 걸까?

😊 : 음……

😊 : 예를 들어 "현성이 바보"라고 적혀 있으면 현성이는 무조건 바보일까?

😊 : 아니요.

😊 : 그럼 돼지가 대단하다고 생각하는 사람들의 생각은 옳을까?

😊 : 아니요. 왜냐하면 장난으로 썼을 수도 있고 거짓말이 적혀 있을 수도 있어요.

5

주제를 발견하라

"국어를 못하면 주제를 모르고 수학을 못하면 분수를 모르며 영어를 못하면 영문을 모른다."

최근에 본 재미있는 농담입니다. 주제, 분수, 영문이 가지는 여러 가지 의미를 이용한 말장난이지요. 그중 주제는 '변변치 못한 처지'라는 한 가지 뜻을 가지고 있습니다. 그래서 변변치 못한 자기 처지를 모르고 나서는 사람에게 '자기 주제를 모른다'라고 하지요. 주제의 또 다른 뜻은 글이나 대화에서 가장 중심이 되어 다루어지는 문제입니다. 연구·예술 등에서 말하고자 하는 중심 생각도 주제라고 하지요. 어느 주제든, 주제를 아는 것은 참 중요합니다. 자기 주제를 모르면 다른 사람들에게 비웃음을 살 수 있고, 대화 주제를 모르면 대화에 낄 수 없으니까요. 그리고 글의 주제를 모르면 글을 깊게 이해할 수 없지요.

글을 이해할 때 주제 파악은 매우 중요합니다. 이야기 속 모든 내용들이 주제를 향하고 있으니까요. 마치 지구상 모든 나침반의 N극이 북극을 가리키는 것과 같습니다. 주제는 북극이고 인물과 사건 등 이야기 내용은 모두 나침반의 N극인 셈이지요. 이야기 속 여러 사건들은 표면적으로 보면 모두 다 다릅니다. 하지만 모두 주제와 관련이 있습니다. 인물 역시 말과 행동, 성격과 특징이 모두 다르지요. 하지만 그들이 겪는 모든 일과 말과 행동은 결국에는 모두 주제와 관련되어 있습니다. 그래서 이야기 속 모든 사건과 인물의 행위와 동기를 근본적인 차원에서 이해하려면 주제를 파악해야 합니다. 주제를 파악하면 이야기 속 모든 것들이 하나의 실에 꿰어지듯 이해됩니다. 반대로 주제를 파악하지 못하면 이야기 속 모든 사건과 인물의 행위와 동기가 모두 따로 놀게 되겠지요.

이야기에서 가장 흔한 열 가지 주제는 사랑, 죽음, 선악, 성장, 권력, 생존, 용기, 편견, 개인과 사회, 전쟁입니다. 주제는 이야기가 무엇에 관한 것이며 왜 쓰였는가를 말해 줍니다. 《로미오와 줄리엣》《위대한 개츠비》처럼 사랑을 말하고 싶어서 쓰이기도 하고, 《에덴의 동쪽》《이반 일리치의 죽음》처럼 죽음과 파멸을 통해 인생을 들여다보려 쓰이기도 합니다. 주제는 인물들 사이의 갈등을 더 넓은 관점으로 살펴보게 합니다. 《주홍글자》와 《반지의 제왕》은 사람 사이의 갈등을 넘어 선과 악의 갈등을 우리에게 보여 줍니다. 《호밀밭의 파수꾼》과 《데미안》은 성장하려는 인물과 그를 주저앉히려는 사회 간의 갈등을 보여 주고요. 주제는 보편성을 통해 우리를 인물과 연결 짓도록 합니다. 《동물농장》《뻐꾸기 둥지 위로 날아간 새》는 무자비하고 부조리한 권력에 의해 짓밟히면서도 저항하는 우리 모습을 보여 줍니다. 《파리대왕》과 《분노의 포도》는 피할 수 없는 상황에서 생존하기 위해 투쟁하는 우리를 담고 있지요. 주제는 우리 마음속에 질문을 만들어 내고 공감을 불러일으킵니다. 《앵무새 죽이기》와 《오만과 편견》은 우리가 지닌 편견을 돌아보게 합니다. 《연금술사》와 《15소년의 표류기》는 거칠고 험한 세상을 이겨 낼 용기를 주면서 우리를 웃고 울리지요. 주제는 우리가 놓치거나 잊어버려서는 안 되는 것이 무엇인지 알려 줍니다. 《1984》와 《기억 전달자》는 사회에 의한 과도한 개인 통제를 보여 줌으로써 개인과 사회의 건강한 관계가 무엇인지 생각하게 합니다. 《무기여 잘 있거라》와 《바람과 함께 사라지다》는 전쟁의 무자비함과 허무함을 알려 주지요.

주제에 대한 이해는 이야기를 더욱 깊게 들여다보게 만듭니다. 표면적으로 일어나고 있는 일보다 더 깊은 곳에 있는 문제의 핵심을 이해하게 되지요. 그렇게 깊은 관점으로 바라보다 보면 사랑은 사랑이 아니고 갈등은 갈등이 아니며 죽음은 죽음이 아님을 이해하게 됩니다. 사랑이 사실은 편견을, 갈등이 사실은 변화를, 죽음이 사실은 깨달음을 불러온다는 사실을 알 수 있지요. 그래서 주제를 잘 파악하는 아이는 점차 삶에 대한 통찰력을 갖게 됩니다. 일어나고 있는 일의 본질과 대화의 핵심을 꿰뚫어 볼 수 있게 됩니다. 수업을 들을 때에도 더 중요한 것과 중요하지 않은 것을 구분할 수 있지요. 반대로 주제를 잘 파악하지 못하는 아이는 표면적 수준에서 사고가 멈추게 됩니다. 중요한 것과 아닌 것을 구분하지 못하고 핵심 원리보다 개별적인 현상에 시선을 빼앗기게 됩니다. 수업 중 선생님 말씀에서도 중요한 것이 아닌 신경을 자극하는 무언가에 더 집착하게 되지요.

초등 국어 교육과정에서는 주제에 대해 다음처럼 말하고 있습니다.

> · 6학년 국어 02-03 글을 읽고 글쓴이가 말하고자 하는 주장이나 주제를 파
>   악한다.

주제 발견하고 찾기

주제 파악은 매우 추상적인 사고 활동입니다. 눈에 보이는 것들을 모아 눈에 보이지 않는 새로운 생각을 만들어 내야 하지요. 그래서 추상적 사고력이 발달하기 시작한 초등 고학년 아이들에게 좀 더 적합한 활동입니다. 하지만 좋은 질문만 있다면 더 어린 아이들도 충분히 주제를 발견할 수 있습니다. 초등 저학년 아이들과도 거뜬히 그림책의 주제를 발견하곤 했습니다. 《찰리와 초콜릿 공장》을 이용해 주제를 찾는 법을 알아보겠습니다.

Step 1. 인물들이 겪은 일 정리하기

주제는 표면에서는 보이지 않습니다. 등장인물이 겪게 되는 사건 아래 교묘하게 묻혀 있지요. 그래서 우선 인물들이 어떤 일들을 겪었는지 확인해야 합니다. 등장인물들이 겪었던 일 중 중요한 사건들을 떠올려

보세요.

101. 등장인물은 어떤 일을 겪게 되지?

대화 53

🙂 : 등장인물은 어떤 일을 겪게 됐지? 한 명씩 차례대로 생각해
보자.

😗 : 아우구스투스 굴룹은 초콜릿을 마시다가 강에 빠졌어요.

🙂 : 바이올렛 뷰리가드는?

😗 : 바이올렛 뷰리가드는 마법의 껌을 마음대로 씹다가 블루베리
처럼 부풀어 올랐어요.

🙂 : 버루카 솔트는?

😗 : 버루카 솔트는 호두를 까는 다람쥐들이 머리가 텅 비었다고
쓰레기 배출구로 버렸어요.

🙂 : 마이크 티비는?

😗 : 티비는 텔레비전을 통해 전송되는 바람에 작아져 버렸어요.

Step 2. 사건의 공통점 찾기

이제 여러 사건들 사이에서 공통점을 찾아야 합니다. 사건을 단순한
해프닝으로 봐서는 주제를 찾을 수 없고, 어떤 일들이 반복적으로 일

어나고 있는지 생각해야 합니다. 〈토끼와 거북이〉처럼 아주 짧은 이야기는 사건이 하나인 경우도 있습니다. 토끼와 거북이가 경주를 벌인 일이 주요 사건이지요. 하지만 〈금도끼 은도끼〉 정도만 되어도 사건이 두 개예요. 착한 청년과 나쁜 청년이 각각 도끼를 물에 빠트리고 산신령을 만나게 되지요. 당연히 《찰리와 초콜릿 공장》처럼 긴 이야기에서는 더 많은 사건이 벌어집니다. 이제 그런 사건들 속에서 공통점을 찾아야 합니다. 무언가 일관된 흐름을 이해해야 하지요.

문해력을 향상시키는 질문

102. 어떤 일들이 반복적으로 일어나고 있지?

103. 사건에는 어떤 공통점이 있지?

대화 54

😀 : 어떤 일들이 반복적으로 일어나고 있지?

😃 : 아이들이 계속 사고를 당하고 있어요.

Step 3. 사건과 인물 연결하기

사건은 인물에 따라 다양하게 펼쳐집니다. 똑같은 상황에 똑같은 사건이 벌어져도 그 일을 경험하는 인물의 행동에 따라 펼쳐지는 사건의 양상은 달라지지요. 인물의 행동에 따라 달라지는 사건의 양상에 주제가 숨어 있습니다. 《찰리와 초콜릿 공장》에서는 착한 아이 찰리와 그렇지 못한 네 명의 아이들이 있습니다. 이들은 똑같이 윙카 씨의 초콜릿 공장을 방문하지만 전혀 다른 결과를 맞이합니다. 그들 각각의 특징과 일어난 일들을 연결해 보세요.

104. 등장인물은 어떤 특징을 가지고 있지?
105. 등장인물의 특징이나 상황이 사건에 어떤 영향을 줄까?

대화 55

🙂 : 사고를 당하는 아이들은 어떤 특징을 가지고 있어?

😊 : 하나같이 이기적이고 못되고 나쁜 아이들이에요.

🙂 : 찰리는 어땠지?

😊 : 찰리는 착하고 질서를 잘 지키는 아이였어요.

🙂 : 찰리는 사고를 당했니?

😊 : 아니요.

🙂 : 그럼 어떻게 되었지?

😊 : 찰리는 윙카 씨가 회사의 후계자로 삼았어요.

🙂 : 등장인물의 특징이나 상황이 사건에 어떤 영향을 줬을까?

😊 : 네. 만약 나머지 아이들도 찰리처럼 착했다면 사고를 당하지 않았을 거예요.

🙂 : 맞아. 오히려 찰리는 상을 받았지.

Step 4. 주제 발견하기

이제 주제를 찾을 차례입니다. 주제는 어떻게 찾아야 할까요? 사건이나 인물의 행동이 단독으로 주제를 말해 주지는 않습니다. 주제는 사건과 인물의 상호 관계에서 발견할 수 있습니다. 예를 들어 이야기의 클라이맥스에서 주인공이 우정을 선택했다고 해 봅시다. 이로 인해 주인공이 숭고해지거나 긍정적인 결과를 끌어온다면 주제는 우정이라고 볼 수 있습니다. 만약 우정을 선택했지만 배신을 당하거나 그로 인해 절망하고 후회하게 된다면 우정은 주제가 될 수 없습니다. 주제는 '세상사의 무상함'으로 봐야겠지요. 하나 더 살펴볼까요? 각종 고난과 어려움을 극복하고 살아남는다면 '노력과 역경 극복'이 주제가 됩니다. 반면 고난에 좌절하고 밑바닥으로 추락한다면 '세상의 무자비함'이 주제가 될 수 있어요. 주제를 찾으려면 사건, 사건 속 인물의 선택, 그리고 이로 인한 결과에 주목해야 합니다.

문해력을 향상시키는 질문

106. 인물과 그들이 겪은 사건을 볼 때 작가는 무엇을 말하고 싶었을까?
107. 우리는 이야기에서 무엇을 배우고 무엇에 대해 생각하게 될까?
108. 그 사건은 무엇에 관한 것이지?

대화56

 : 인물과 그들이 겪은 사건을 볼 때 작가는 무엇을 말하고 싶었

던 것 같아?

🙂 : 음……

🙂 : 못된 아이들은 벌을 받고 착한 찰리는 상을 받았잖아? 우리는 이야기에서 무엇을 배우고 무엇에 대해 생각하게 될까?

🙂 : 아이들에게 착하게 살라고 하는 것 같아요.

주제를 파악하는 데 도움이 되는 또 다른 질문들도 있습니다. 다음 질문을 참고하여 아이와 함께 《마틸다》와 《샬롯의 거미줄》의 주제를 찾아보시기 바랍니다.

문해력을 향상시키는 질문

109. 등장인물의 목표는 무엇이지?
110. 등장인물들은 어떻게 행동하고 문제에 대응하지?
111. 제목이나 카피를 볼 때 어떤 일이 벌어질 것 같니?
112. 반복적으로 혹은 자주 사용되는 단어나 문구가 있니?
113. 사건에 중요한 영향을 미치는 요소에는 무엇이 있지?

《마틸다》와 《샬롯의 거미줄》의 주제는 무엇일까요? 주제는 하나로 고정되어 있지 않아요. 읽는 이의 생각과 느낌에 따라 서로 다른 주제를 발견할 수 있어요. 제가 발견한 《마틸다》의 주제는 '아이에 대한 어른들의 몰이해'입니다. 이야기는 권위적이고 이기적인 어른들이 순수한 아이들을 이해하지 못하는 것을 넘어 폭력적이기까지 한 현실을 비판하고 있어요. 하니 선생님을 통해 아이들을 보살피는 올바른 어른의 상을 제시하시기도 하고요. 《샬롯의 거미줄》의 주제는 '순수한 우정'이라고 생각합니다. 윌버는 펀과 샬롯의 도움으로 죽을 위기에서 두 번이나 벗어납니다. 펀과 샬롯은 아무것도 바라지 않고 윌버를 위해 헌신합니다. 이는 오직 자신의 이익만을 위해 행동하는 템플턴과 비교되지요. 친구들의 도움으로 목숨을 건진 윌버는 샬롯의 새끼와 손자와 증손자들과 함께 계속해서 우정을 이어 나가게 되고요. 《샬롯의 거미줄》을 통해 아이들은 순수한 우정의 의미를 깨달을 수 있을 겁니다.

플롯을 파악하라

○ 플롯은 줄거리와 유사하지만 이야기를 구조적으로 바라본다는 점에서 다르다.
○ 플롯을 정리할 때에는 결말부터 시작해 절정, 전개, 발단 순으로 찾는다.

어휘를 비교 분석하라

○ 어휘 추론법에 더해 어휘를 더욱 정확하고 깊게 이해하기 위하여 비교 분석하는 방법을 익혀야 한다.
○ 문해력을 높이려면 의미가 미묘하게 다른 유사한 단어들을 섬세하게 구분할 수 있어야 한다.
○ 동의어, 유의어, 반의어를 찾는 활동을 해 본다.
○ 유의어 간 차이와 특성을 비교한다.
○ 찾아낸 유의어들을 이야기 속에 바꿔 넣어 보고 적절한지 판단해 본다.

내 삶에 적용하라

○ 책과 이야기를 읽는다고 무조건 삶에 도움이 되는 것은 아니며, 삶에 적용하는 능력을 길러야 한다.
○ 이야기를 읽었을 때 떠오르는 것이 있는지 알아본다.
○ 작품 속 세계와 현실 세계를 비교해 본다.
○ 작품 속에서 얻은 깨달음을 '나라면 어떻게 할까?'라는 질문과 함께 내 삶에 적용해 본다.

이야기를 분석하라

○ 분석력이란 어떤 것을 작게 나누어 구체적으로 살펴보는 힘이다.
○ 이야기에서 한 사건의 원인과 결과를 파악해 본다.
○ 이야기에서 의견과 사실을 구분해 본다.
○ 의견의 합리성을 판별해 본다.

주제를 발견하라

○ 글의 주제를 모르면 글을 깊게 이해할 수 없다.

○ 주제를 잘 파악할 줄 알게 되면 중요한 것과 중요하지 않은 것을 구분할 수 있게 된다.

○ 인물들이 겪은 일을 정리해 본다.

○ 사건의 공통점을 찾아본다.

○ 사건과 인물을 연결해 본다.

○ 사건, 사건 속 인물의 선택, 이로 인한 결과 등에 주목하여 주제를 정리한다.

초등 교과과정에 맞게 문해력 독서법을 익혀 봐요.
초등 교과에서 요구하는 국어 능력에 맞게 이 책을 활용해 보세요.

❶ 줄거리 요약하기 (51쪽 / 어린이용 12쪽)

　○4학년 국어 01-05 내용을 요약하며 듣는다.
　○4학년 국어 03-02 시간의 흐름에 따라 사건이나 행동이 드러나게 글을 쓴다.

❷ 플롯 파악하기 (129쪽 / 어린이용 36쪽)

　○4학년 국어 02-02 글의 유형을 고려하여 대강의 내용을 간추린다.
　○6학년 국어 02-02 글의 구조를 고려하여 글 전체의 내용을 요약한다.

❸ 주제 발견하기 (170쪽 / 어린이용 78쪽)

　○6학년 국어 02-03 글을 읽고 글쓴이가 말하고자 하는 주장이나 주제를 파악한다.

❹ 이야기 분석하기 (159쪽 / 어린이용 106쪽)

　○4학년 국어 01-03 원인과 결과의 관계를 고려하며 듣고 말한다.
　○4학년 국어 02-04 글을 읽고 사실과 의견을 구별한다.

❺ 인물 이해하기 (62쪽/ 어린이용 50쪽)

　○4학년 국어 05-02 인물, 사건, 배경에 주목하며 작품을 이해한다.
　○6학년 국어 01-07 상대가 처한 상황을 이해하고 공감하며 듣는 태도를 지닌다.

❻ 배경 이해하기 (73쪽 / 어린이용 90쪽)

　○4학년 국어 05-02 인물, 사건, 배경에 주목하며 작품을 이해한다.
　○6학년 국어 01-07 상대가 처한 상황을 이해하고 공감하며 듣는 태도를 지닌다.

❼ 어휘 짐작하기 (84쪽 / 어린이용 20쪽)

- 4학년 국어 02-03 글에서 낱말의 의미나 생략된 내용을 짐작한다.

❽ 어휘 비교분석하기 (137쪽 / 어린이용 100쪽)

- 4학년 국어 04-02 낱말과 낱말의 의미 관계를 파악한다.

❾ 표현 이해하기 (99쪽 / 어린이용 60쪽)

- 6학년 국어 05-03 비유적 표현의 특성과 효과를 살려 생각과 느낌을 다양하게 표현한다.
- 4학년 국어 05-01 시각이나 청각 등 감각적 표현에 주목하며 작품을 감상한다.

❿ 상상하기 (112쪽 / 어린이용 68쪽)

- 4학년 국어 05-03 이야기의 흐름을 파악하여 이어질 내용을 상상하고 표현한다.

⓫ 삶에 적용하기 (148쪽 / 어린이용 28쪽)

- 6학년 국어 02-01 읽기는 배경지식을 활용하여 의미를 구성하는 과정임을 이해 하고 글을 읽는다.
- 6학년 국어 05-02 작품 속 세계와 현실 세계를 비교하며 작품을 감상한다.
- 6학년 국어 05-06 작품에서 얻은 깨달음을 바탕으로 하여 바람직한 삶의 가치를 내면화하는 태도를 지닌다.

세계 명작 동화와 함께하는

우리 아이 문해력 독서법

초판 1쇄 발행일 2022년 8월 10일
초판 2쇄 발행일 2022년 10월 5일

지은이 전병규

발행인 윤호권
사업총괄 정유한

편집 이지혜(김정희) **디자인** 김영중 **마케팅** 박병국
발행처 ㈜시공사 **주소** 서울시 성동구 상원1길 22, 6-8층 (04779)
대표전화 02-3486-6877 **팩스(주문)** 02-585-1247
홈페이지 www.sigongsa.com / www.sigongjunior.com

ⓒ 전병규, 2022

ISBN 979-11-6925-158-7 03370

*시공사는 시공간을 넘는 무한한 콘텐츠 세상을 만듭니다.
*시공사는 더 나은 내일을 함께 만들 여러분의 소중한 의견을 기다립니다.
*잘못 만들어진 책은 구입하신 곳에서 바꾸어 드립니다.